BIEN-ÊTRE ZEN
AU QUOTIDIEN

Erik PIGANI

Flavia MAZELIN SALVI

BIEN-ÊTRE ZEN AU QUOTIDIEN

Presses du Châtelet

ISBN : 978-2-253-08412-9 – 1re publication LGF

Quelle doctrine va plus loin
que les bouddhas et les patriarches ?
demanda un jour un moine à maître Yun-mên.
– Le gâteau de sésame, répondit le maître.

Kôan zen

禪

SOMMAIRE

禪

Introduction

Vie zen, vie saine

De bric, de broc, et de zapping. Voilà, aujourd'hui, notre quotidien. Éclaté, morcelé, surchargé, surpressé. Une vie pleine à craquer d'activités, d'objets, d'informations, de communications. Avec, en arrière-plan, un sentiment pour le moins flottant : l'incertitude...

Auparavant, ce qui donnait confiance en la vie, nous permettait d'entrevoir l'avenir, de le préparer et de s'y préparer, portait un nom : la « cohérence ». C'est grâce à elle que l'on se sentait appartenir à un monde logique, ordonné, rassurant. Une société, avec ses qualités et ses défauts, certes, mais avec ses valeurs aussi ; une famille stable, un climat réglé, un système de croyances, sous forme d'une religion. Tout cela a désormais rejoint le chapitre des incertitudes incertaines... Plus rien ne sera jamais comme avant, chacun le sait, ou le ressent. Le problème, c'est que, faute de cohérence, on ne sait plus à quoi se préparer. La seule chose que l'on sait, à propos de notre avenir, c'est que l'on doit s'attendre à tout...

C'est le besoin de retrouver ce principe unificateur – retrouver des valeurs, un encadrement, sa propre unité intérieure, si ce n'est une certaine sécurité – qui explique, au moins en partie, le succès du bouddhisme en général et du bouddhisme zen en particulier en Occident ces dernières années. Ceux qui se sont intéressés à cette tradition spirituelle ont découvert, parfois avec étonnement, qu'il s'agit là d'une religion sans dogme, profondément enracinée dans la vie, attentive au bien-être quotidien, avec une vision du sens de l'existence et de l'Au-delà qui invite à la réflexion et non à la croyance aveugle. Et qui, finalement, ne nous demande qu'une chose : être soi-même. Voilà ce qui a appelé, et comme « réveillé », l'âme du public occidental. Un système cohérent, qui encadre à la fois le corps et l'esprit, l'être, les autres, l'environnement, le monde et l'univers...

Pour ce qui concerne le zen, c'est son aspect pratique, concret, lumineusement dépouillé et surtout individualisé qui appelle chacun d'entre nous. Le zen est exigeant, et il s'oppose radicalement au « trop » dans lequel nous surnageons. Mais ceux qui l'ont déjà approché, sinon pratiqué, ont pu découvrir une philosophie spirituelle qui rend au bon sens sa vraie valeur. Ce sacré bon sens, tant dévalorisé par un intellectualisme baigné de néo-freudisme et relégué au rang des remèdes de bonne femme. Pourquoi ? Parce que le bon sens, par essence, est simple, trop simple. C'est pourtant à une recherche quotidienne de la simplicité que le zen nous invite. Dire que le zen est une philosophie pleine de bon sens ne signifie donc pas qu'il s'agit d'une pensée simpliste, ou simplette. En témoignent les *kôans*, ces fameux jeux d'esprit et paradoxes, pratiqués à longueur de journée dans les monastères zen qui pourraient donner du fil à retordre à bien des philosophes les plus érudits. « La simplicité n'empêche pas la complexité. La complexité empêche la simplicité », pourrait-on dire sous forme, justement, de *kôan*.

C'est donc en retrouvant le bon sens des choses de la vie que l'on remet sa vie dans le bon sens. Et c'est en retrouvant le chemin de la simplicité que se dessine, en arrière-plan, un univers cohérent, épuré du « trop », du surplus et des peurs du manque. Ce qui demande, tout de même, un certain travail. Être simple, soi-même, en pleine conscience dans le moment présent, est le cheminement de toute une vie. L'avantage, c'est que ce processus peut prendre la forme d'une auto-éducation soutenue par une discipline personnelle, accessible à chacun d'entre nous. C'est ce que nous avons voulu vous proposer avec ce guide du bien-être. Mais attention : il ne s'agit pas d'un livre sur le zen à travers la vie quotidienne, mais d'un guide pour la vie quotidienne à travers le zen. C'est pourquoi chacun des douze sujets que nous abordons dans la première partie concerne un aspect pratique de votre vie qui pourra, si vous en faites l'expérience, être à la fois simplifié et enrichi par l'esprit du zen. Vous pouvez même considérer ce guide comme un carnet de voyage qui vous invite à une aventure – et surtout pas à une quelconque conversion religieuse. Parce que, tout comme le zen, une aventure est un état d'esprit qui demande une ouverture à soi-même, aux autres et au monde. C'est ce même état d'esprit qui, sans aucun doute, sous-tend celui du bonheur...

L'histoire du zen

Historiquement, on peut dire que le zen est né en Chine au VIe siècle. Mais, on l'oublie souvent, sa véritable source remonte au Bouddha lui-même... presque mille ans auparavant !

Lorsque le prince Gautama Siddhârta est mort, en

480 av. J.-C., il était devenu le bouddha Shâkyamuni et avait laissé un enseignement considérable. Pourtant, il ne s'était jamais pris pour un prophète, un messie, un sauveur et encore moins pour un dieu. Il se savait simplement homme qui, après une quête incessante de vérité et de sagesse, était parvenu à la connaissance absolue. Et cela s'était passé à la faveur d'une illumination – l'expérience de l'Éveil – que, selon lui, chaque homme est capable de connaître à condition d'en prendre les moyens. *Le Bienheureux en réalité n'a pas enseigné la doctrine qui doit être éprouvée intérieurement par soi-même.* Ce message, d'une telle humilité, est le fondement même de l'enseignement du Bouddha et l'essence même du zen : *la vérité se trouve en nous. En chacun de nous.*

Lorsque le Bouddha est mort, donc, ses enseignements se sont transmis en Inde à travers 28 générations de maîtres, essaimant dans le Sud-Est asiatique, en Chine, au Tibet, en Corée, au Japon... se divisant aussi en différents mouvements, différentes écoles. Au début du VIe siècle, un moine barbu aux yeux bleus débarquait en Chine pour y fonder l'école *chan.* Ce maître était le 28e patriarche indien, Bodhidharma. Considéré comme le premier des « six patriarches » zen, il est, encore aujourd'hui, l'archétype du maître zen, énigmatique et rigoureux, qui enseigne par l'exemple plutôt que par les textes et pour qui on ne peut connaître l'Éveil sans une pratique assidue de la méditation.

Au cours des siècles, le *chan* – dont l'origine vient du sanscrit *dhyâna* (méditation) –, influencé par le confucianisme et le taoïsme, s'est fait particulièrement apprécier des intellectuels et des artistes. Il est devenu de plus en plus populaire et a exercé une réelle influence spirituelle sur la culture chinoise, à un point tel que les monastères *chan* sont devenus les plus grands centres d'enseignement en Chine.

Même si les Japonais connaissaient déjà la méditation *chan*, c'est au XIe siècle que l'école *chan* a véritablement été introduite par des moines errants et a été transcrite zen. Celui-ci a immédiatement connu un grand succès dans la société japonaise. L'austérité de sa pratique et la place prépondérante de l'intuition par rapport à l'apprentissage ont particulièrement séduit la classe guerrière qui, au XIIe siècle, gouvernait le pays, ne laissant qu'une autorité de principe à l'empereur.

Le moine japonais Myôan Yôsai (1141-1215) avait passé plus de quatre ans en Chine pour y étudier le *chan* et, dès son retour, avait commencé à clamer l'importance du zen pour la santé de la vie spirituelle de son pays. Il rencontre, bien sûr, des oppositions, mais c'est sous la protection personnelle du shôgun (le généralissime) qu'il s'installe à Kamakura où il crée le premier monastère zen du Jukufu-ji, en 1199. Il fonde ensuite le monastère de Kennin-ji à Kyoto, en 1204. Fondateur de l'école zen Rinzai, Yôsai est aussi celui qui a importé de Chine la célèbre cérémonie du thé...

Quelques années plus tard, à l'âge de treize ans, Dôgen Zenji (1200-1253) reçoit l'ordination monastique et rencontre le vieux maître Yôsai à Kyoto. Dôgen devient alors l'élève de Myôzen Ryônen (1184-1225), le successeur de Yôsai. En 1223, tous deux partent en Chine étudier dans un monastère où le maître, d'une rigueur implacable, faisait pratiquer à ses moines la méditation jour et nuit...

De retour au Japon, Dôgen veut réinsuffler dans le zen la pureté originelle du *chan* et impose à ses disciples la rigueur et l'ascèse. Obligé de fuir Kyoto, il s'installe avec son groupe sur le mont Eihei, où il fait construire le Eihei-ji, le temple de la Paix éternelle, qui devient le phare – et l'est encore de nos jours – de l'école zen Sôtô. Elle se distingue par une prépondérance absolue de la pratique de la méditation, le *zazen*, alors que l'école Rinzai se concentre plus volontiers sur la pratique des *kôans*. Aujourd'hui, Dôgen, qui a d'ailleurs écrit le tout premier essai sur le zazen, est considéré comme le véritable fondateur du zen au Japon et l'un des plus grands penseurs de l'histoire du pays.

Après avoir acquis une véritable place dans la vie culturelle, philosophique et spirituelle du Japon, le zen est certainement la tradition bouddhiste qui s'est le plus rapidement implantée en Occident : les premières visites de maîtres zen aux États-Unis datent de 1893... Il n'a pas fallu un siècle pour que les temples et les monastères commencent à fleurir en Amérique du Nord et en Europe. Et c'est dans les années 60-70 que la philosophie et ses pratiques ont connu un nombre d'émules de plus en plus important. Jusqu'à ce début de XXIe siècle, où être zen a dépassé le stade de la mode pour devenir un véritable phénomène de société...

Comment mettre en pratique les conseils de ce guide ?

La première partie de ce guide est constituée de 12 grands chapitres ayant trait, pour chacun d'eux, à un sujet qui touche à un aspect de la vie quotidienne. Chaque chapitre contient un certain nombre de conseils, d'exercices, de réflexions. Peut-être, à première vue, allez-vous être rebuté par la quantité de travail à fournir pour insuffler un peu de zen dans votre vie. Et il y aurait de quoi... si vous voulez appliquer tous ces conseils en même temps et d'un seul coup ! Se précipiter, ici, non seulement ne sert à rien, mais n'est pas recommandé. Ce serait même contraire au zen. Car ce guide du bien-être a aussi une fonction cachée, celle de vous aider à cultiver, au quotidien, l'une des « Six Perfections » du *bodhisattva* : la patience !

Si vous voulez aller au-delà d'une simple lecture en diagonale, en picorant quelques idées par-ci par-là, pour apporter à votre vie une nouvelle dimension, commencez par vous familiariser avec le chapitre – l'un des 12 sujets – qui vous appelle le plus. Soit parce que vous sentez que vous en avez besoin, soit parce qu'il vous séduit. Et faites-en le sujet de la semaine. Par exemple, vous choisissez le chapitre sur la marche : faites-en votre objectif pour une semaine. N'essayez pas de faire les exercices, faites-les ! Chaque jour, reprenez-les, calmement, tranquillement, sans vous soucier des autres sujets. Lorsque vous estimez que, effectivement, ce chapitre vous a aidé à améliorer votre conscience de la marche, choisissez un autre chapitre. Peu à peu, vous allez assimiler de nouvelles postures, de nouveaux comportements, vous allez vivre avec un peu plus de conscience de vous-même.

Vous découvrirez, au fil des pages, certains exercices ou certaines pratiques qui n'appartiennent pas à la tradition zen. Loin de nous l'idée de galvauder cette voie en la transformant en fourre-tout hétérogène, mais nous avons jugé utile d'intégrer des outils qui, plus familiers à notre culture et à notre mode de pensée, sont autant de pas qui nous rapprochent de notre but : vivre pleinement et simplement. En développant la plus précieuse de nos facultés : la conscience.

Et soyez patient ! Ce guide est conçu pour vous accompagner, non pour vous pousser, à coup d'ascèse et de méditation, à devenir un moine bouddhiste ! N'ayez pas peur de vous lancer dans cette aventure en prenant votre temps. Trois mois, ce n'est pas un parcours très long...

La deuxième partie est, quant à elle, constituée de 64 petits conseils qui concernent autant de situations de la vie quotidienne. Des conseils, certes, des recettes, peut-être. Que nul n'est obligé d'appliquer, d'ailleurs. Un précepte zen précède chacun d'eux, placé là comme un appel d'air pour vous aider à mieux saisir l'esprit du zen. En ce sens, ces conseils sont plutôt des exemples pour vous inviter à trouver vos propres solutions, vos propres attitudes. Car la seule voie du zen, c'est le chemin qui mène à soi-même.

Un jour, un sage indien était venu s'entretenir avec le Bouddha :

– J'ai entendu dire que le bouddhisme est une école de l'illumination. Quelle méthode utilisez-vous ? Quelle est votre pratique quotidienne ? demanda le sage.

– Nous marchons, nous mangeons, nous nous lavons et nous nous asseyons, répondit le Bouddha.

– Mais... tout le monde marche, mange, se lave et s'assied ! Qu'y a-t-il de si extraordinaire ?

– Sage homme, répondit alors le Bouddha, quand nous marchons, nous sommes conscients que nous marchons. Quand nous mangeons, nous sommes conscients que nous mangeons... Le plus souvent, lorsque les gens marchent, mangent, se lavent ou s'assoient, ils ne sont pas conscients de ce qu'ils sont en train de faire.

– Et c'est cela qui peut nous mener à l'illumination et nous ouvrir à la nature du bouddha ?

– Tous les êtres humains sont intrinsèquement des bouddhas, doués de sagesse et de vertu. Mais, parce que les esprits des hommes sont faussés par la pensée illusoire, ils ne peuvent pas s'en rendre compte.

禅

Première partie

LES ESSENTIELS DE LA VIE

Feriez-vous vôtres les trois préceptes purs du zen ?

1. Cesse de faire le mal
2. Fais seulement le bien
3. Fais du bien aux autres

禅

Jardinez votre temps

(Erik Pigani)

On n'y pense jamais assez : le temps est notre contexte de vie, au même titre que notre environnement. Si ce n'est plus. Une mauvaise qualité de temps a donc, sur nous, un impact aussi négatif qu'une mauvaise qualité de l'air, une alimentation déséquilibrée ou un climat déréglé. Parce que le temps fait partie de nous autant que nous faisons partie de lui. C'est pourquoi nombre de personnes qui pratiquent régulièrement, sinon quotidiennement, des techniques anti-stress – yoga, qi gong, gymnastique douce, alimentation saine, etc. – se plaignent que les effets n'ont pas autant d'impact qu'elles le voudraient, et que ces effets ont une durée limitée. La cause en est simple : faire un travail sur soi en utilisant des techniques de bien-être sans avoir acquis au préalable une certaine maîtrise du temps limite, et de beaucoup, les résultats. Pour donner une image, cela revient à vouloir faire pousser des légumes sur une terre pauvre et fatiguée en se contentant de verser quelques gouttes d'engrais. Peine perdue ! Pour que l'engrais soit vraiment efficace, il faut avant tout que la terre soit nettoyée, aérée, enrichie. C'est-à-dire vivante...

Il en est de même pour le bien-être : le temps doit d'abord être nettoyé, aéré, enrichi. C'est-à-dire vivant...

Or, c'est bien dans une sorte de temps mortifère que nous nous débattons aujourd'hui. Depuis le début des années 90, nous vivons dans une crise de fragmentation et d'accélération du temps à tous les niveaux, notamment à travers la culture informatique qui a envahi entièrement notre existence et qui, sous prétexte de simplifier la vie, l'a rendue beaucoup plus complexe. Et donc beaucoup plus difficile à gérer. L'accélération est devenue un mot d'ordre : transports de plus en plus rapides, repas instantanés, infos zapping, articles plus courts, rencontres éclair, et ainsi de suite. Et cela dans une ambiance de surconsommation qui, selon l'OMS, est à l'origine d'une augmentation endémique de la dépression dans le monde entier... Notre temps, découpé en fractions de plus en plus courtes, est devenu anxiogène.

Malheureusement, peu de personnes, dans l'univers du développement personnel, tiennent compte de cet aspect pourtant fondamental de notre vie. Et bien peu parlent de la maîtrise du temps comme préalable à l'évolution et au bien-être. Bien sûr, l'acquisition d'une certaine maîtrise est un processus long qui demande un engagement et un réel travail sur soi. Elle ne peut donc être développée en quelques pages. Pour cela, vous pouvez vous référer à *L'Art zen du temps*, publié dans la même collection.

Cependant, vous pouvez déjà prendre note de ces quelques clés qui vous donneront des conseils de base pour mieux vivre le moment présent :

7 clés de la maîtrise du temps

• **1. Déterminez vos objectifs.** Mettez toujours par écrit vos objectifs, même si vous doutez de pouvoir les réaliser. Mais soyez honnête avec vous-même : si vous vous fixez des buts qui vont à l'encontre de vos désirs authentiques, vous courez à l'échec. Commencez par vous fixer des objectifs proches dans le temps. Sur une période d'un mois par exemple. Au-delà d'un mois, les images mentales de vos objectifs deviennent trop floues.

• **2. Évaluez le temps.** Évaluez le temps imparti à chacune de vos activités en vous posant ces deux questions :

a. Cette activité fait-elle partie de mes habitudes ?

b. Cette tâche est-elle vraiment utile ? (Pourquoi ? Pour qui ?...)

À partir du moment où vous aurez pris l'habitude de vous interroger sur chaque action avant de l'entreprendre, vous saurez évaluer instantanément le temps qu'il vous faudra pour la réaliser. Vous pourrez aussi discerner l'utile de l'inutile : cela vous donnera une attitude rationnelle qui, par la suite, pourra être secondée par un instinct infaillible.

Ayez surtout à l'esprit que le moment présent est la seule ressource que vous ayez à votre disposition. Vivre le moment présent, c'est le vivre pleinement, non seulement avec sa tête, mais aussi avec son corps.

• **3. Programmez vos journées quand il le faut.** Dans le cadre des activités spécifiques liées à vos objectifs, n'hésitez pas à consacrer un peu de temps à votre agenda... car s'organiser prend du temps ! Plus vous exercerez vos talents dans ce sens, plus il vous sera facile d'accueillir les impondérables. Cependant, ne faites jamais de programmations artificielles et n'essayez pas de remplir votre agenda uniquement pour céder à la satisfaction d'avoir un agenda rempli ! Si vous voulez rester disponible à vous-même et aux autres, entraînez-vous à ne noter que les rendez-vous importants. Et cessez de vivre dans la précipitation : prenez le temps de bien faire ce que vous voulez vraiment faire.

• **4. Oubliez votre montre !** Même si votre montre est accrochée à votre poignet, ne vous sentez pas obligé de la regarder sans cesse sous prétexte d'être en train de travailler sur votre organisation. Le mieux est d'apprendre à l'oublier à la maison ! Notre esprit est capable d'avoir une conscience très précise de l'heure ; votre inconscient peut alors prendre le relais, ce qui vous permettra d'être efficace en tout lieu et en tout temps. Il faut réapprendre la spontanéité ! Vous devez être libre de poursuivre une tâche, un entretien ou une réflexion aussi longtemps qu'il le faudra pour en tirer tout le profit possible. La flexibilité d'un horaire permet de faire prévaloir la qualité sur la quantité. Arrêtez d'observer le temps qui s'écoule et vous vous sentirez beaucoup plus libre !

• **5. Cessez de vous sentir coupable.** Si vous vous sentez régulièrement coupable de ne pas avoir eu le temps, la première chose à faire est de vous débarrasser de cette culpabilité qui bloque le souffle de votre temps intérieur. Comment ? En essayant de vous sentir responsable de votre propre temps et, surtout, de votre propre façon d'habiter votre temps. Être responsable, c'est avant tout accepter ses propres limites. Entre autres celles que, au fur et à mesure que le temps passe, l'âge nous impose : on ne fait plus à soixante ans ce que l'on faisait à vingt, trente ou même quarante ans ! Être responsable, c'est aussi être capable de faire des choix tout en se reconnaissant le droit à l'erreur. Tout simplement parce que personne n'est infaillible... Voilà une manière de sortir de l'enfermement infantilisant d'une culpabilité construite autour des « dépêche-toi » incessants qui nous ont été assénés au cours de notre enfance.

Sur une petite fiche, notez ces huit bonnes raisons de ne pas vous culpabiliser par rapport au temps. Gardez cette fiche en permanence dans votre poche, et sortez-la dès que le besoin s'en fait sentir :

1. J'ai le droit de vivre mon propre temps.
2. J'ai le droit de me tromper.
3. On ne m'a jamais appris à prendre du temps pour moi.
4. J'ai le droit de changer d'objectif.
5. J'ai le droit de dire « non » à moi-même et aux autres.
6. La pression sociale par rapport au temps est trop forte.
7. La vie moderne n'est pas en accord avec les rythmes naturels.
8. La culpabilité ne fait pas évoluer : elle fait prendre du retard.

• **6. Prenez du temps pour vous.** Prendre du temps pour soi, c'est se donner le droit de se retrouver avec soi-même pour se ressourcer. C'est s'exprimer dans une activité que l'on aime, qui donne le temps de penser, d'avoir des idées, de sentir le corps et l'esprit se régénérer. Que ce soit une activité qui met en œuvre nos compétences propres (un art, des travaux manuels, une collection...) ou qui permet de s'occuper de soi (un sport, un soin corporel, une activité de développement personnel...), elle doit être pratiquée seul pour permettre de se retrouver face à soi-même. Pour beaucoup, l'accélération du temps et la multiplication des tâches quotidiennes ont fait reléguer ces moments privilégiés au rang des activités « secondaires », quand ce n'est pas « inutiles ». Ce sont pourtant elles qui rendent le temps vivant...

Mais attention : ne prenez pas ce temps pour soi comme un loisir, mais plutôt comme une pause pour l'esprit. Voilà une notion de plus en plus rare : comme tout le reste, les temps de repos sont devenus des objets de consommation. À vous, donc, de trouver, dans votre agenda, une place de choix pour vous ressourcer. Faites-le en pleine conscience de votre choix, sans vous forcer à pratiquer une activité obligatoire. C'est ce que vous pourriez appeler votre plage de temps privilégiée.

• **7. Ralentissez !** Récemment, un mouvement a commencé à prendre une ampleur planétaire : la *Slow Life* (la révolution lente). Elle est née en Italie au milieu des années 90 avec le mouvement *Slow Food*, apparu sur l'initiative d'une association écologiste en réaction contre l'empire McDo... Manger bio, lentement, des produits du terroir et une cuisine simple mais de qualité, telle est aujourd'hui la devise de quelques centaines de milliers de pratiquants d'une vie saine et calme. Car il est vrai que la qualité – en cuisine ou dans tout autre domaine – demande du temps. En Italie, au Brésil, au Japon, les *Cittàslow* (cité lente) ont rallié plus d'une centaine de municipalités qui ont mis en œuvre des mesures pour réduire le bruit et la circulation, préserver la qualité de vie et un environnement sain, valoriser la gastronomie locale... En Autriche, la société pour la décélération du temps tient chaque année une assemblée pour faire le point sur une façon de vivre plus respectueuse, fondée sur la possibilité de chacun de résister à la vitesse. Les exemples de ce genre ne cessent, aujourd'hui, de se multiplier.

Ralentir, ce n'est pas rejeter les outils modernes, les nouvelles technologies, l'informatique ni même les téléphones portables. Il s'agit avant tout de prendre conscience des causes réelles de ce sentiment étouffant d'accélération et de notre manque de temps chronique.

Informez-vous sur les rythmes biologiques, la chronobiologie, les conseils donnés par les pratiquants de la *Slow Life*, et prenez le temps de vivre !

Le jardin du temps

L'un des problèmes majeurs, avec le temps, c'est que nous ne savons pas le visualiser. Mentalement, nous nous représentons le temps comme la position des aiguilles d'une montre (l'heure qu'il est, mais plus souvent pensée en temps qu'il reste), comme une activité (telle tâche prend tant de temps), comme un déplacement (le temps pour aller d'un endroit à un autre), comme un mouvement (tel geste prend tant de secondes), comme un déroulement (une journée, une matinée, une soirée...). Le plus souvent, on ne se représente donc le temps que par rapport à autre chose et non en tant que temps. Et c'est bien normal, puisqu'il est immatériel. Pourtant, le visualiser, lui donner une consistance permettrait de mieux comprendre notre rapport au temps, de mieux identifier les surcharges, les zones d'ombre, les espaces aérés, les temps où l'on se sent bien, les temps inutiles, les temps trop rapides... Et surtout d'en avoir une perception plus concrète et plus globale à la fois.

Pour cela, voici un exercice simple : « le jardin du temps ».

Bien sûr, travailler à partir d'un livre ne remplace pas une véritable session de travail avec un formateur capable de vous aider à décoder tous les éléments de votre dessin, de vous accompagner dans la découverte d'une autre perception du temps, de vous guider pour le réaménagement de votre semaine. Mais cet exercice vous permettra, à travers cette expérience, de commencer à rendre au temps sa véritable dimension dans votre vie.

Vous aurez besoin d'une grande feuille de papier blanc. Une simple feuille A4 peut suffire, mais si vous disposez de papier à dessin d'un format supérieur, c'est encore mieux. Munissez-vous aussi de crayons, de stylos à bille ou à encre, de feutres de couleur.

Vous allez représenter chacune de vos activités comme un coin de jardin. Par exemple, les heures de bureau comme le coin potager, les repas du soir comme des arbres fruitiers, les activités de loisir comme un petit plan d'eau, les conduites des enfants à l'école comme un parterre de rosiers, les tâches administratives comme un pêle-mêle de plantations à faire, et ainsi de suite... Bien sûr, ce ne sont que des exemples.

- Choisissez une activité de la semaine (même si elle se répète tous les jours), et posez-vous la question : *Comment représenter cette activité dans mon jardin du temps ?* Choisissez alors le coin de jardin qui, pour vous, représentera cette activité. Exemple : le temps de travail sera le potager, le verger, une série de massifs de fleurs, une cabane à outils, un carré d'herbes aromatiques, une plantation de cactus... À vous de faire preuve d'imagination !
- Posez-vous ensuite cette question : *Combien de temps me prend cette activité par rapport au reste de la semaine ?* Cela vous permettra de visualiser une proportion avant de la dessiner.
- Dernière question : *Où placer ce temps de travail dans mon jardin ?* À vous de voir si vous voulez placer cet espace au bord du jardin, au centre, sur un côté éloigné, sur un côté rapproché...
- Dessinez enfin la représentation de votre temps de travail sur votre feuille en la plaçant à l'endroit que vous avez choisi et en lui donnant la proportion qui lui correspond.

Lorsque vous avez placé votre premier coin de jardin, procédez de la même manière avec toutes vos activités de la semaine. Et n'oubliez pas que le but du jeu n'est pas de faire un beau dessin !

Ne lisez pas les paragraphes suivants si vous n'avez pas terminé l'exercice ou si vous ne l'avez pas fait.

Maintenant, vous allez interpréter votre dessin. Là encore, un livre entier ne suffirait pas à faire état de toutes les interprétations possibles. Mais les quelques clés suivantes vous permettront de décrypter les éléments essentiels pour agir en conséquence.

- Observez attentivement votre dessin. Commencez par regarder si vous avez dessiné un chemin ou une allée. Cet élément y est-il ? Si oui, tout va bien. Si non, c'est que, dans votre agenda, vous n'aménagez pas de passages qui vous permettent de vous rendre d'un endroit à un autre, des temps de battement qui vous permettent de passer d'une activité à une autre, ni même les temps d'acclimatation ou les pauses indispensables.

Tout être humain normalement constitué a besoin de pauses. Si vous rentrez du bureau exténué, surpressé par les transports en commun, abattu par la fatigue, vous devez prévoir au moins une demi-heure de décompression à la maison. C'est peut-être plus facile à dire qu'à faire ! Pourtant, certaines familles parviennent à organiser leur rythme de vie en fonction de ces temps de décompression. Il en est de même pour le travail et l'organisation des journées : dans votre agenda, notez les temps de déplacement, les temps de transition, les battements, les pauses. Peu de gens y pensent. Voilà pourquoi certaines personnes ont des vies qui ressemblent à des salles d'attente de médecin : tous les rendez-vous sont notés à la minute près, avec parfois deux rendez-vous en même temps. Il suffit donc de peu – une urgence ou une consultation plus longue – pour que, en début d'après-midi, le médecin ait deux heures de retard sur ses rendez-vous. Et sans que personne y trouve quoi que ce soit à redire.

> • Poursuivez le décryptage de votre dessin en vous posant, pour chaque activité (et donc chaque temps), ces questions :
>
> 1. Ce temps est-il bien placé dans le jardin ?
> 2. Ce temps est-il trop petit ou trop grand dans mon jardin ?
> 3. Ce temps a-t-il une couleur vive, pâle ou sombre ?
> 4. Ce coin de temps est-il agréable ou désagréable ?

C'est ainsi que vous allez pouvoir visualiser et analyser la façon dont vous habitez votre temps. Pour chaque activité :

1. Si vous considérez que le temps est mal placé, reprenez votre agenda, et étudiez comment vous pouvez mieux planifier cette activité.
2. Si votre temps est trop petit, étudiez la façon dont vous pourriez lui donner plus d'importance. S'il est trop grand, allégez l'activité en suivant le principe du choix des priorités et des objectifs.
3. Si le temps est d'une couleur vive, c'est qu'il est intense ; d'une couleur pâle, c'est qu'il a moins d'importance ; d'une couleur sombre, c'est qu'il pose un problème.
4. Si le temps est désagréable, il vous reste à trouver les moyens de le rendre agréable...

• Vous pouvez ajouter une variante supplémentaire à cet exercice : prenez une autre feuille de papier, et dessinez votre jardin du temps idéal... Organisez votre agenda en vous référant à votre nouveau dessin.

禅

Cultivez la simplicité

(Flavia Mazelin Salvi)

Esprit libre, environnement libre, dit l'une des plus célèbres maximes zen. Mais l'inverse est tout aussi juste, tant il est vrai que l'environnement influe de manière évidente et directe sur nos états d'âme. On loue souvent l'esthétisme du zen, sa noble épure qui confère aux espaces intérieurs et extérieurs une imposante dignité. Jardins de sable et de pierres qui semblent avoir traversé les siècles, salles de méditation dépouillées, longs couloirs vides... Des lieux à l'image des hommes qui les habitent. Sans une ombre de superflu. Comme ils nous tentent, ces espaces vierges de toute pollution consommatrice ! Et comme nous aimerions distiller un peu de cet art du vide dans nos vies et nos demeures !... Car, après avoir cédé sans mesure à la tentation du toujours plus, nous commençons aujourd'hui à poser un regard plein de défiance sur notre civilisation qui était presque parvenue à nous convaincre que le bonheur se trouvait dans l'Avoir.

Aujourd'hui, nos yeux se dessillent. Nous prenons progressivement conscience que non seulement notre boulimie matérialiste épuise toutes les ressources de notre planète, mais qu'elle nous rend de plus en plus vulnérables, de plus en plus anxieux, de moins en moins vivants. Ici et là se multiplient les éloges de la simplicité et les incitations citoyennes à consommer moins et mieux. Preuve qu'une conscience nouvelle est en train d'émerger et qu'elle entraînera une nouvelle forme de responsabilité collective et individuelle.

Revenir à l'essentiel est une aspiration de plus en plus partagée. Mais s'affranchir de la tyrannie du « toujours plus », retrouver le sens du juste et de l'équilibre peuvent être autre chose que des vœux pieux. *De quoi ai-je vraiment besoin ?* C'est cette interrogation qui est le point de départ, et non celle-ci : *De quoi ai-je envie ?* Pourquoi ? Parce que, dans ce cas, nous ne sommes plus maîtres de nos désirs.

Achèterions-nous ce produit ménager, ce vêtement, cette voiture, si ces objets ne nous étaient pas vantés à longueur de publicité comme des instruments magiques capables de nous transformer en personnes plus séduisantes et plus puissantes ? Ces publicités ne s'adressent pas à nous, mais à notre ego, toujours avide de reconnaissance et de pouvoir. Ce n'est donc pas nos désirs qu'il faut écouter, mais nos vrais besoins qu'il faut interroger le plus souvent. Pour cela, nous devons partir de ce que nous avons et non de ce qui nous manque. L'accumulation des objets ne coûte pas seulement de l'argent, mais aussi de l'espace et du temps. Nous croulons sous les représentations narcissiques : objets tendance, articles coûteux ou à pseudo-valeur affective... Desquels jouissons-nous vraiment ? La réponse est simple : ceux que nous sauverions d'un dégât des eaux ou d'un incendie. Dôgen disait qu'il fallait vivre comme si le feu faisait rage dans nos cheveux. Pourquoi, alors, ne pas meubler sa maison et garnir ses placards comme si le feu allait tout détruire ? Se poser la question du besoin est le moyen le plus simple de se poser la question du choix. Du vrai. Or, nous sommes incapables de choisir, car nous sommes incapables de supporter la frustration. « Tout, tout de suite... » Comme des enfants, nous laissons nos pulsions et nos peurs gouverner notre vie. Et cette peur prend souvent la forme de l'indécision.

Incapables de trancher, nous stockons, et nous finissons par étouffer. Nos garde-robes, nos appartements reflètent notre profonde inquiétude. Au lieu d'oser exprimer simplement qui nous sommes réellement – des êtres de passage –, ils expriment notre attachement à l'image que nous aimerions donner. Ainsi, les modes changent et nous changeons avec elles.

Comment alors ne pas s'épuiser dans cette course, comment ne pas crouler sous les objets, comment ne pas gaspiller temps et argent ? Si l'on se respectait davantage, on refuserait d'être spolié de notre statut d'humain, on refuserait de n'être qu'un simple consommateur de la vie.

Le zen nous invite à retrouver notre dignité intrinsèque. Il nous invite à faire taire l'ego pour faire parler le Soi. Dans tous les domaines de notre vie. Choisir la simplicité, c'est choisir la liberté. En apprenant à faire la différence entre désir et besoin, possession et sécurité [1].

Vous êtes décidé à faire place nette ? Préparez-vous alors à réviser vos valeurs, à bousculer vos repères et à dépoussiérer vos croyances. Votre bien-être, physique et psychique, est à ce prix.

---

1. À lire également, l'ouvrage de Dominique Loreau : *L'Art de la simplicité*, Robert Laffont, 2005.

Opération délestage

Vous avez envie de vous délester du superflu qui encombre votre appartement, mais vous avez encore du mal à trancher : que faut-il garder, que faut-il jeter ou donner ?

Avant de procéder à ce grand ménage, munissez-vous d'une fiche et d'un crayon, et recopiez ces six questions. Ne répondez pas avant de les avoir mâchées et remâchées. La précipitation favorise les regrets et les remords. Ce questionnaire concerne les objets de décoration, les meubles, les appareils usuels et les vêtements.

- Ai-je vraiment besoin de cet objet ? (me sert-il : jamais, régulièrement, quotidiennement ?).
- Cet objet me comble-t-il ? (affectivement et/ou esthétiquement).
- Quel espace (physique et psychique) gagnerais-je à m'en débarrasser ?
- À qui cet objet servirait-il plus qu'à moi ?
- Qui apprécierait cet objet plus que moi ?
- Sa possession me prend-elle du temps ou de l'espace ou bien me rend-elle vraiment service ?

Trop souvent on jette ce qui ne nous plaît plus ou ce qui nous encombre. Pensez à donner aux associations caritatives ou à votre entourage. Donner fait circuler l'énergie vitale et nous rappelle que l'être humain n'est pas une île. Ni dépendant ni indépendant, mais interdépendant...

Faites la diète !

Vous vous plaignez de cette société qui crée des besoins inutiles, mais savez-vous vous dire non ?

- Engagez-vous pendant une semaine à suivre un régime *no conso*. Très politiquement incorrect, mais très sain spirituellement !

- N'achetez que le strict nécessaire.
- Gardez votre poste de télévision éteint.
- Accordez-vous tous les jours au moins 10 minutes d'inactivité totale : sans bouger, sans parler, sans écouter de la musique, sans lire. Ne faites rien.
- Offrez-vous un après-midi *non-shopping*. Promenez-vous dans les rues, regardez les vitrines, entrez dans les magasins et observez les visages et les comportements de ceux que vous croisez. Prenez conscience de toute l'énergie mise au service de l'acquisition, de la possession. Savourez le plaisir subtil de ne pas suivre le mouvement...
- Préparez tous les jours au moins un plat sans assaisonnement ni sauce pour apprécier la saveur de chaque produit. Vous vous habituerez à manger avec conscience et à acheter des produits de meilleure qualité.

Choisissez, ne subissez plus

Vous lisez tel livre parce qu'il faut absolument l'avoir lu, vous suivez la mode pour ne pas passer pour un ringard, vous vous laissez tenter par une voiture parce que dans votre milieu social et professionnel il est impensable de s'en priver, vous décorez votre intérieur pour donner de vous l'image la plus valorisante... Vous croyez choisir mais, en fait, vous subissez le discours dominant, les injonctions de la pub, la tyrannie de votre ego. Parfois, vous vous sentez fier de vous et puissant ; d'autres fois frustré, car il vous manque encore quelque chose ; ou en colère contre vous car vous sentez bien que vous êtes la victime consentante d'un système qui ne rend personne heureux. Pour ne plus subir, adoptez un minimum de discipline personnelle.

- N'achetez plus par impulsion. Différez systématiquement vos « achats-désir ». Du plus modeste au plus important. Laissez passer du temps et épargnez la somme correspondant à l'objet. Si au bout de quinze jours ou d'un mois votre désir ne s'est pas émoussé, passez à l'acte, en toute conscience.

• Choisissez toujours la qualité. Ni la nouveauté ni la tendance. Investir dans la qualité a un prix. Cela demande parfois efforts et sacrifices et donc une démarche réfléchie et active.

• Interrogez-vous sincèrement : *Quels désirs, quels fantasmes je projette sur ce vêtement ou cet objet ? Vont-ils servir à améliorer mon image et mon estime de soi ?* Si, à l'évidence, c'est à cela qu'ils vont vous servir, dites-vous que vous êtes en train de remplir une outre percée. Aucun objet, aucun vêtement ne pourra jamais vous rendre aimable ni estimable à vos yeux. En prendre conscience est un pas vers la libération.

• N'offrez plus pour vous déculpabiliser, vous faire aimer, acheter la paix émotionnelle ou relationnelle. Sortez des relations marchandes. Avec vous-même et avec les autres.

• Osez dire non à vos enfants lorsqu'ils réclament systématiquement tel ou tel nouveau produit vanté par la publicité ou par leurs copains.

• Offrez-vous du temps, de la lecture, de la marche, de la musique, des discussions nourrissantes... Prenez l'habitude de consommer sans modération du « gratuit ».

Apaisez votre environnement

Le *feng shui*, littéralement vent et eau, né en Chine il y a quatre mille ans, est l'art de faire circuler l'énergie vitale – le *ch'i*[1] – de manière optimale pour produire harmonie et abondance. Issue du tao, cette science est fondée sur le respect des deux polarités, yin et yang, sur

---

1. Pour en savoir plus sur le *ch'i*, l'excellente enquête du journaliste Maxence Layet, *L'Énergie secrète de l'univers*, Guy Trédaniel éditeur, 2006.

l'harmonie entre les cinq éléments et les huit directions. Nous ne proposerons ici que quelques conseils de base, la maîtrise de cet art exige un long apprentissage transmis par les maîtres *feng shui*.

• Respectez l'équilibre yin/yang :

Le yang symbolise l'agir. Le yin, le lâcher-prise. Pour qu'il y ait harmonie, un équilibre entre les deux principes est nécessaire. Les couleurs et les matériaux sont ou yin ou yang. De leurs choix et mariages dépend la qualité énergétique d'une pièce.

Les matériaux : les matières dures, lisses, brillantes (verre, acier, marbre) sont yang, les matières lourdes comme le bois, les étoffes épaisses sont yin.

Les formes : les formes courbes sont yin (excepté le cercle), tandis que les formes droites sont yang.

Veillez à l'ordre et à la propreté

• Ni la poussière ni le désordre ne doivent s'installer chez vous, ils affaiblissent le *ch'i*.

• Après avoir fait le ménage, ouvrez grandes les fenêtres (même l'hiver !) et laissez pénétrer l'air et la lumière chez vous. Faites la chasse aux vieux journaux, aux papiers inutiles, videz régulièrement corbeilles et poubelles. La surface de vos miroirs doit être irréprochable ; idéalement les carreaux de vos fenêtres devraient étinceler !

• Pas de pitié pour la vaisselle ébréchée, les casseroles bosselées, les vernis et les peintures écaillés... Ils affaiblissent le *ch'i*.

Chassez les mauvaises vibrations

• Attention aux formes pointues, tranchantes, on les appelle les « flèches secrètes ». Rangez les couteaux dans des tiroirs et mettez à vos portes des poignées aux formes arrondies.

• Si vos plafonds comportent des poutres, veillez à n'installer en dessous ni sièges ni lits. Les poutres coupent l'énergie vitale.
• Mettez toujours dans une pièce des chaises en nombre pair (elles apportent bonheur et harmonie dans la famille).
• Une source de lumière au-dessus d'une table est toujours bénéfique.
• Ne placez jamais votre lit de manière à avoir les pieds dirigés vers la porte (grande déperdition d'énergie), ne dormez pas avec une ouverture derrière vous (perte de sécurité), ne placez pas non plus un miroir devant votre lit (cela double l'énergie et fatigue le dormeur).
• N'encombrez pas par des vêtements ou des chaussures votre hall d'entrée, le *ch'i* doit être libre de pénétrer dans la maison.
• Pas de peluches représentant des bêtes féroces dans la chambre de votre enfant.
• Pensez à toujours baisser l'abattant des toilettes.

Les humeurs des couleurs

Les couleurs sont yin ou yang. Il faut donc veiller à leur équilibre dans chaque pièce de la maison en tenant compte de son énergie particulière. Mais les couleurs ont également une symbolique propre qu'il est important de connaître pour éviter les mélanges malheureux :

- **Orange** : *Yang*. Énergie rayonnante. Enthousiasme, curiosité, favorise les changements de cycle.
- **Rouge** : *Yang*. Énergie de l'action concrète. Sensualité, ardeur, favorise les échanges passionnés.
- **Jaune** : *Yang*. Énergie du renouveau. Transformation, libération, favorise le travail intellectuel.
- **Vert** : *Yin*. Énergie de sérénité. Quiétude, abondance, favorise les initiatives justes.
- **Bleu** : *Yin*. Énergie spirituelle. Sérénité, intuition, favorise l'ouverture de la conscience et du cœur.
- **Marron** : *Yin*. Énergie d'ancrage. Confort, sécurité, favorise la réflexion pragmatique.
- **Noir** : *Yin*. Énergie d'intériorité. Épure, gravité, favorise le sens de la mesure.
- **Blanc** : *Yang*. Énergie de pureté. Clarté mentale, sobriété, favorise l'ouverture d'esprit.

Histoire zen

Un jour, des personnes riches et bien en vue convièrent maître Ikkyû à un banquet. Ikkyû s'y rendit en haillons. Ne voyant qu'un vieillard mal habillé, son hôte lui ferma la porte au nez.

Rentré chez lui, Ikkyû passa sa robe de cérémonie toute brocardée, et revint frapper à la porte de ses hôtes. Il fut alors reçu dans la salle de banquet avec tous les honneurs.

Au lieu de s'asseoir à la place qui lui était attribuée, il enleva sa robe et la déposa sur le coussin : « J'imagine que c'est la robe que vous avez invitée... Vous me la ramènerez quand vous aurez fini. » Sur ces mots, il s'en alla.

Prenez soin de votre dos

(Erik Pigani)

Avez-vous déjà eu mal au dos ? Si vous répondez non, vous faites partie des rares personnes qui, à une époque où le mal de dos est en constante augmentation, ne s'en plaignent jamais. Mais essayez quand même de vous souvenir : un petite gêne par-ci par-là ou un petit blocage qui ont fini par passer, un torticolis qui a disparu au bout de quelques jours, une douleur dans les lombaires qui s'est calmée à coups d'aspirine. Rien de grave, en somme. Et pourtant ! Vous auriez pu considérer que ces petits tracas passagers étaient en quelque sorte des avertissements que votre corps vous lançait pour demander de commencer à prêter sérieusement attention à votre dos, votre posture, la façon dont vous marchez, dont vous vous asseyez, dont vous dormez. Et, pourquoi pas, pour vous inciter à consulter un spécialiste qui puisse contrôler l'état général de votre colonne vertébrale...

« Le problème, c'est que, en France, nous n'avons pas la culture du dos », explique Sylvain Limonier, docteur en chiropractie. « Pour beaucoup, il semble normal d'être coincé quelques jours, de prendre des médicaments et d'attendre que cela passe ! Eh bien non, cela n'a rien de normal. C'est à force de négliger leur dos que les gens en arrivent aux hernies discales ou aux sciatiques. »

Ceux qui souffrent régulièrement de leur dos le savent : certains blocages, que ce soit dans les lombaires, entre les épaules ou dans les cervicales, sont si pénibles qu'ils en deviennent invalidants : on travaille moins bien, on ne sait plus se concentrer, on est obligé de rester assis ou allongé en attendant mieux, incapable de penser à quoi que ce soit d'autre qu'à cette douleur lancinante. Au mieux, on consulte un médecin qui prescrit des médicaments et propose quelques séances chez un kiné. Le mal passé, on reprend le cours de la vie comme si de rien n'était. Jusqu'à la crise suivante. Le mal de dos, certaines personnes ont même fini par vivre avec. Jusqu'à se retrouver, un jour, sur une table d'opération. Comment, alors, mener une vie zen si l'esprit est absorbé par la douleur ? Comment, sans même aller jusqu'au mal déclaré, être soi-même, dans le moment présent, en pleine conscience dans chacun de ses gestes – et *a fortiori* avoir une bonne posture de méditation – si toute la conscience et toute l'attention se retrouvent dans un dos immobilisé, inapte à laisser circuler librement l'énergie, le souffle du *ch'i* ?

« C'est toute une question d'éducation, répond Sylvain Limonier. Et cela commence dès la petite enfance. Les parents disent aux enfants : "Tiens-toi droit", mais sans savoir ce que signifie se tenir droit, sans savoir comment est construite ni comment fonctionne une colonne vertébrale. Ce n'est pas leur faute, puisqu'ils ne l'ont pas appris non plus. Mais c'est dès l'école primaire que devrait commencer une information sérieuse sur le bon usage du dos. Quand on est bien informé, on sait comment agir en cas de problème, et on sait à qui s'adresser. Par exemple, lorsqu'un enfant tombe, les parents le consolent, soignent les éventuelles blessures superficielles et le laissent repartir sitôt les pleurs calmés, pensant qu'un enfant est souple et qu'il finit toujours par se réparer tout seul... Parfois oui, parfois non. Combien de sciatiques déclarées à l'âge adulte trouvent leur origine dans une chute de vélo ou une chute de lit pendant l'enfance ? Beaucoup. Lorsque j'interroge mes patients sur leurs chutes mémorables, ils en ont toujours une à me raconter... »

C'est le cas typique de Théo, un garçon de 13 ans, chez qui un examen radiologique avait diagnostiqué une scoliose importante et divers problèmes, dont un mauvais positionnement des cervicales et un pincement entre la 4e et la 5e lombaire. Des problèmes assez significatifs pour que le docteur Limonier demande aux parents si Théo n'a pas eu un accident quelques années auparavant. « Non, pas d'accident », répondent-ils en chœur. « Pas même une chute de vélo ? », insiste le chiropraticien. « Ah, si ! Il a fait une chute de vélo quand il avait 7 ans. Il est passé par-dessus le guidon la tête en avant et s'est étalé de tout son long sur la chaussée. Il avait le menton tout égratigné, il a bien pleuré. Mais rien de grave... Il s'est vite remis. » Le chiropracteur se tourne alors vers Théo et lui demande s'il se souvient de l'accident. « Oh oui ! répond le jeune garçon. Même que le vélo m'est tombé dessus ! » En fait, c'est la roue du vélo qui, en rebondissant, avait frappé le bas de son dos, a-t-il précisé ensuite. Très certainement à l'endroit du pincement entre les lombaires... Voilà donc comment une simple chute peut être le point de départ de problèmes beaucoup plus sérieux par la suite.

Notre colonne vertébrale, on l'oublie trop souvent, est la clé de voûte de l'architecture de notre corps. Vingt-quatre vertèbres mobiles (sept cervicales, douze dorsales et cinq lombaires), comme autant de petits palets posés les uns sur les autres, articulés entre eux, et séparés par des petits coussins (les disques intervertébraux) qui servent d'amortisseurs. Contrairement à ce que l'on pourrait imaginer, notre colonne n'est pas droite comme un *i*. Et ne doit surtout pas l'être : quatre courbes (deux lordoses vers l'avant et deux cyphoses vers l'arrière) permettent à cette architecture de précision de mieux résister aux tractions, contractions, extensions, chocs... Car le mot d'ordre, donné en permanence par le système nerveux et assuré par 70 muscles, c'est : mobilité !

Si, à la suite d'un accident, même léger, d'une chute ou d'une mauvaise position prise dans l'enfance – comme de s'enrouler autour de son cahier de classe pour écrire –, un élément de cet échafaudage complexe n'est pas bien aligné, c'est tout l'ensemble qui en subit les conséquences. Par exemple, pour compenser le déséquilibre d'un bassin légèrement penché sur la droite, la colonne vertébrale va dévier légèrement sur la gauche. Ce sera le début d'une scoliose... Et plus le temps passe, plus la compensation s'accentue. « C'est ainsi que je vois arriver dans mon cabinet des gens qui m'affirment avoir une jambe "plus courte" que l'autre, poursuit Sylvain Limonier. Cela n'existe pas ! Ou alors c'est excessivement rare. Effectivement, chez certaines personnes, on peut parfois observer une différence de deux centimètres de longueur entre la jambe droite et la jambe gauche mais, dans 98 % des cas, elle est due à une mauvaise position du bassin. Quand la posture est rétablie, avec les techniques de la chiropractie, la différence de longueur disparaît. »

Il va sans dire que plus les compensations s'installent, plus notre mobilité diminue. Mais ce n'est pas tout : un choc ou une mauvaise position peuvent créer une *subluxation* vertébrale, un terme spécifique à la chiropractie qui n'existe pas en médecine. Pour faire simple, il désigne une mauvaise juxtaposition entre deux vertèbres. Et que se passe-t-il lorsque deux vertèbres ne sont pas parfaitement alignées ? Pour prendre une image, si les gonds d'une porte ne sont pas parfaitement droits, la porte va se coincer. Légèrement au début. Les tenons vont frotter plus que la normale et se tordre pour s'adapter aux mouvements de la porte. À force de tractions, de petits chocs, ou de « forçages », la porte finit par ne plus s'ouvrir ni se fermer correctement, grince et frotte péniblement sur le plancher. C'est généralement le moment où on décide de la laisser définitivement ouverte. C'est-à-dire immobile...

Il en va de même pour les vertèbres. Mal juxtaposées, elles s'usent. Sauf que, ici, elles font partie d'un organisme vivant qui ne va pas les laisser se dégrader sans réagir ! C'est que, entre chacune d'elles, il y a des petits espaces – des *trous de conjugaison* – dans lesquels se faufilent les nerfs. Lorsque la taille du trou se réduit, à cause de la mauvaise position des vertèbres ou de la diminution de la taille d'un disque intervertébral, le nerf est comprimé, étiré. Pour le protéger et éviter qu'il ne soit complètement écrasé, ou même coupé, l'organisme déclenche alors un mécanisme de défense pour immobiliser les vertèbres. Comment ? « En produisant du sel de calcium qui bouche les trous, se dépose sur les disques, enveloppe le parties fragilisées, explique Sylvain Limonier. On parle alors de "calcification". Tout se passe comme si la nature avait un programme : lorsque le corps se sent menacé de l'intérieur, il crée une sorte de tuteur à l'endroit qui pose problème, comme pour une plante qui pousse de travers, afin d'immobiliser définitivement l'articulation. C'est le début du processus arthrosique... »

L'arthrose est un véritable processus dégénératif des articulations avec calcification que la chiropractie décrit en 5 stades – de I, pour le début du processus, jusqu'à V. Plus le processus évolue, plus la mobilité est réduite. « Et ce n'est pas une question d'âge, précise le jeune chiropracteur. J'ai reçu récemment une dame de 88 ans qui n'avait pratiquement aucune trace de dégénérescence, et une jeune fille de 18 ans qui en était au stade II. Tout dépend de l'histoire de la personne... » En elle-même, l'arthrose n'est pas douloureuse, c'est la mauvaise position des articulations, avec la compression des nerfs, qui provoque les douleurs. Le problème, c'est que ni la médecine conventionnelle ni les techniques manuelles ne soignent cette maladie. La plupart du temps, on nous apprend qu'il faut vivre avec...

« Mais on peut la prévenir, poursuit Sylvain Limonier. Après un examen radiologique sérieux – une radiographie complète du dos – on peut identifier immédiatement le stade du processus dégénératif et travailler spécifiquement sur les zones atteintes. Il est même possible, si le praticien est doué et passionné par son métier, de faire régresser la maladie. C'est un travail long, qui demande un suivi régulier, mais on peut y arriver en redonnant de plus en plus de mobilité à la colonne et donc au corps tout entier. C'est l'inverse de la médecine classique qui, dès qu'il y a un problème, immobilise ou bien opère, notamment en cas de hernie discale. Les techniques spécifiques de la chiropractie permettent, en général, de ne pas recourir à l'opération. Tout dépend encore du stade de la maladie, de la compétence du praticien, de sa faculté de ressentir les choses et de la façon dont il sera capable de parler à la conscience corporelle. »

Parler ? Le terme peut paraître étrange lorsqu'il s'agit de mécanique. Mais, justement, il ne s'agit pas d'une simple mécanique. Notre colonne vertébrale protège et maintient la moelle épinière, une véritable « autoroute de l'information nerveuse ». Rien ne se produit dans le corps qui ne passe par elle. Notre système nerveux communique réellement avec notre corps. La moindre perturbation de l'influx nerveux, comme une compression du nerf, crée une interférence dans la communication, un peu comme si une conversation téléphonique était brouillée. Le système tout entier réagit alors pour corriger le problème... Mais s'il ne peut pas être réglé, ce sera le point de départ d'une *subluxation*, d'une pathologie. « La chiropractie a trouvé les moyens de parler à cette intelligence du corps, explique Sylvain Limonier. Avec des techniques spécifiques, nous stimulons le système nerveux en recréant des mouvements qui n'existent plus. En quelque sorte, nous rétablissons un dialogue qui va permettre de stopper le processus dégénératif. »

Mais qui dit système nerveux ne dit-il pas aussi émotions ? Bien sûr ! Un stress excessif, un choc émotionnel important, une colère trop longtemps contenue peuvent avoir autant d'impact sur notre colonne vertébrale qu'une chute à la patinoire, un accident de cheval ou un carambolage sur l'autoroute. En somme, notre dos reflète notre état émotionnel. Et, bien souvent, *en avoir plein le dos* n'est pas une vaine expression... « C'est pourquoi nous tenons compte de la globalité du sujet. Pour inciter le corps à se réparer, non seulement nous travaillons sur la mécanique, mais nous insistons aussi sur l'auto-éducation des patients, leur propre prise en charge de leur santé – leur gestion du stress et des émotions –, leur équilibre alimentaire et, surtout, leur attention à leurs postures, leurs gestes, leurs mouvements : c'est-à-dire l'attention à eux-mêmes. » Et cette attention à soi-même n'est-elle pas l'expression même du zen ?

Prêtez attention à votre dos

• Ne vous tenez jamais droit en rigidifiant votre posture. Pensez toujours que c'est la mobilité du dos qui compte. Vous devez vous sentir à la fois stable et souple.

• Prêtez attention à la façon dont vous marchez (voir p. 69).

• Ne restez pas trop longtemps assis sur la même chaise. Surtout si vous travaillez d'une façon très concentrée. Levez-vous régulièrement, faites quelques étirements.

• Équipez-vous de sièges dont le dossier respecte la lordose lombaire (le bas du dossier doit être légèrement proéminent).

• Lorsque vous êtes assis, variez les postures.

• Si vous passez beaucoup de temps devant un ordinateur, procurez-vous les accessoires ergonomiques qui sont commercialisés aujourd'hui (tapis ergonomique pour souris, support pour portables...).

• Pour les enfants, les étudiants, et tous ceux qui travaillent en écrivant sur une table : plonger le regard verticalement sur un plan horizontal conduit à s'enrouler sur sa feuille, comme le font nombre d'écoliers. C'est la pire des positions : pencher la tête est anti-anatomique et inverse la lordose naturelle du cou. Les pupitres inclinés d'antan, qui n'existent malheureusement plus, permettaient de corriger ce problème. Si vous ne pouvez pas travailler sur un plan incliné, pensez en permanence au bien-être de votre cou : asseyez-vous droit, faites des micro-mouvements du dos pour reprendre conscience des lordoses naturelles, des épaules, du cou. Et respirez !

- Si vous voulez vous détendre et vous avachir dans un canapé, n'en abusez pas : faites quelques mouvements et pensez à ne pas contrarier trop longtemps les lordoses naturelles (vous trouverez des schémas des lordoses sur les sites Internet mentionnés).
- Attention lorsque vous faites le ménage : ne forcez jamais les positions pour vous retrouver plié en deux : pensez à chaque instant à ne pas inverser les courbures des lordoses. Dès que vous sentez une gêne ou une fatigue du dos, faites des mouvements d'étirement et de décontraction, et gardez une respiration ample (voir p. 63).
- Ne soulevez jamais un poids sans plier les jambes.
- Ne ramassez jamais un objet par terre en vous pliant en deux. Pliez vos genoux.
- Ne dormez surtout pas sur le ventre. Préférez la position sur le dos ou sur le côté.
- Ne superposez pas les oreillers : un bon oreiller doit préserver la lordose naturelle de la nuque (position sur le dos) ou doit compenser la hauteur de l'épaule (position sur le côté).
- Tonifiez vos abdominaux qui assurent le maintien des lombaires.
- Pratiquez des activités physiques adaptées à votre âge.
- Si vous pratiquez un sport unilatéral (qui mobilise une seule main : tennis et autres sports de raquettes, bowling, etc.), faites des exercices bilatéraux qui vont rééquilibrer les bras.

• Ne tenez jamais un téléphone coincé avec l'épaule. Même avec un portable, pensez à gardez la tête droite et non pas penchée vers le combiné : vous n'entendrez pas mieux !

La chiropractie (dite aussi chiropratique)

Battue en brèche par la médecine officielle en France, reléguée pendant des années au rang des « sciences occultes » par des journalistes mal informés, la chiropractie est reconnue officiellement en tant que profession depuis le 4 mars 2002. Inventée en 1895 par un médecin américain d'origine canadienne, David Daniel Palmer, cette méthode est pourtant une science sérieuse, et son efficacité a été prouvée : en 1993, une étude du ministère de la Santé de l'Ontario sur le traitement de la lombalgie a montré que la chiropractie est bien plus efficace que tous les autres traitements. Les chiropraticiens doivent suivre un cycle de six années d'études pour obtenir un doctorat professionnel. Partenaire officielle de l'OMS, la chiropractie est la première profession de santé manuelle au monde. 400 praticiens exercent en France[1].

Le suivi thérapeutique

À l'issue d'un premier rendez-vous, un praticien sérieux demandera une radio complète du dos *(full-spin)*. Le traitement de base consiste en 5 séances espacées d'une semaine. Le traitement se poursuit en espaçant de plus en plus les séances, et sera plus ou moins long selon les cas. Le chiropracteur utilise des tables mécaniques aujourd'hui très sophistiquées, conçues spécifiquement pour cette profession. Elles permettent de mobiliser des zones précises de la colonne vertébrale[2].

À éviter : les séances de groupe, efficaces pour le maintien de la bonne santé du dos, mais qui ne remplacent pas un suivi personnalisé...

---

1. Association française de chiropratique : www.chiropratique.org. À lire : *Mon dos, ma vie*, Alain Benhamou, Éditions S.A.E.P., 2002.
2. À consulter également, le site de Sylvain Limonier : www.chiropractic-limonier.com.

禪

Respirez la paix

(Flavia Mazelin Salvi)

Le vide est la forme, la forme est le vide.

La respiration, c'est la Pleine Conscience ; c'est un train qui transporte. Il est possible que ce train soit vide. Respiration pure. À partir de la troisième respiration il y a quelque chose dans ce train : notre corps. Lorsqu'on dit : « J'inspire », c'est la respiration pure. Mais lorsqu'on dit : « J'inspire et je suis conscient de mon corps », la respiration transporte quelque chose. « Je suis une fleur », la respiration transporte la fleur. « J'expire et je sais que je suis frais (ou fraîche) », nous sommes l'expiration ; notre expiration transporte la fraîcheur d'une fleur.

Cet enseignement sur la respiration, donné par le maître zen Thich Nhat Hanh en décembre 1994 au village des pruniers en Dordogne où il réside, expose de manière simple et saisissante l'importance de la respiration consciente[1]. C'est notre souffle qui nous rappelle que nous sommes vivants, qui nous permet d'exprimer, par le

1. In *La Pleine Conscience de la respiration*, en ligne sur le site Internet : www.buddhaline.net.

plus simple de nos actes, notre appartenance au monde. Dans la méditation zen – le *zazen* –, c'est ce même souffle, régulier, constant et conscient qui apporte la paix du corps et de l'esprit. Dans un va-et-vient régulier, le souffle nourrit l'être et le débarrasse de ses déchets ; il apaise ses tensions intérieures et lui fait prendre conscience de sa force et de sa fragilité.

La respiration consciente nous ancre dans l'ici et maintenant, le seul lieu où nous existons réellement. Hier n'existe plus, demain n'existe pas encore. Seul est réel le moment présent. Lorsque notre mental est encombré, surchauffé par les informations, assailli par l'angoisse ou les ruminations, la respiration consciente le ramène sans tarder où notre corps se trouve : « ici et maintenant ». La respiration cesse alors d'être un simple phénomène physiologique, mécanique, pour devenir un puissant outil capable de venir à bout de l'agitation qui nous égare et des pensées qui nous dispersent. Respirer en conscience est une forme de méditation puissante. Dans le double mouvement de l'inspiration et de l'expiration est contenue tout entière notre condition de mortel : nous prenons et nous rejetons... L'acquisition et la perte sont notre lot et la condition même de notre existence. La respiration est la métaphore de l'*impermanence*.

Lorsque les apprentis méditants peinent à laisser leur esprit flotter comme des nuages dans le ciel, les maîtres les invitent à compter leurs inspirations et leurs expirations, puis à recommencer s'ils perdent le fil. Concentrés sur la boucle du souffle, le corps se détend, les idées parasites se dissolvent. Il ne reste plus que le mouvement de va-et-vient du souffle qui, telle la vague, s'échoue sur le rivage et reflue vers la haute mer. *Il faut s'entraîner par la pratique de la respiration consciente pour faire naître l'énergie de la pleine conscience et la maintenir vivante,* écrit Thich Nhat Hanh. *Cette énergie-là nous éclaire, nous permet d'être concentré et d'être vraiment là ; elle nous permet aussi de regarder profondément dans le cœur des choses.*

Courir sans arrêt, crouler sous les obligations et les contraintes, ne jamais avoir le temps de s'arrêter au bord du chemin pour simplement souffler... Si l'on commençait par se ménager des petites « pauses-respiration » dans la journée, une respiration vraiment consciente, nous verrions combien il est facile de mettre quelques grammes de sérénité dans notre vie survoltée. Au travail, à la maison, dans les transports en commun, chaque fois qu'on se sent au bord de l'asphyxie, on dispose d'un moyen simple pour revenir à soi : fermer les yeux et se concentrer sur son souffle. Inspiration, expiration... Lorsqu'on se concentre sur la respiration, les tensions nerveuses et musculaires s'apaisent, le corps tout entier se détend, l'esprit s'allège progressivement de ses fardeaux.

Pour mieux comprendre l'importance d'une bonne respiration et son influence sur notre corps et notre esprit, il n'est pas inutile de faire un petit détour par la physiologie qui nous apprendra combien nous avons tort de négliger cet allié précieux.

Nos poumons sont divisés en deux parties : la partie droite comprend trois lobes, la partie gauche deux. Ces lobes sont enveloppés par une double membrane, la plèvre. L'une de ces membranes adhère à la cage thoracique tandis que l'autre enveloppe les poumons. Entre les membranes, un liquide évite aux parois des poumons et des tissus d'entrer trop fortement en contact pendant que nous respirons. Pendant l'inspiration, l'air entre par la bouche puis descend dans la gorge et la trachée, qui se divise en deux bronches. Les bronches sont elles-mêmes divisées en une multitude de bronchioles (environ deux milliards) qui se terminent par des alvéoles par lesquels l'air entre en contact avec le sang sur une grande surface. Lorsque nous remplissons nos poumons d'air, le diaphragme, ce muscle puissant, qui divise le tronc en deux à hauteur des côtes inférieures, s'abaisse pour libérer la partie supérieure de l'abdomen et permettre aux poumons de faire le plein. Une fois l'inspiration achevée, les muscles intercostaux se rétrécissent, les poumons se resserrent et l'air est dirigé vers la trachée, puis la gorge et enfin la bouche. Il faut savoir que l'air que nous respirons est un mélange d'oxygène (environ 20 %), d'azote (79 %), d'un peu de vapeur d'eau, de gaz carbonique et de divers éléments chimiques.

L'oxygène nourrit les globules rouges via le sang qui les distribue dans les tissus de l'organisme. Donc, mieux nous respirons, mieux nous nourrissons les organes et les tissus de notre corps. Ce qui explique l'influence directe de la respiration sur l'activité cardiovasculaire. Dans *Guérir*[1], David Servan-Schreiber cite de nombreuses études prouvant qu'une bonne respiration régule le système cardiovasculaire, abaisse la tension artérielle et rééquilibre le taux de l'acidité sanguine. Ce n'est pas tout : si bien respirer est la clé d'une bonne santé, c'est aussi le plus puissant des anti-stress naturels.

Ce n'est pas un hasard si la sagesse populaire conseille de respirer un bon coup avant d'affronter des épreuves. Mais respirer un bon coup, pour la plupart d'entre nous, signifie prendre une grande inspiration et ne pas se préoccuper de l'expiration. Erreur ! Car si l'inspiration dynamise notre organisme, c'est l'expiration qui l'apaise : c'est elle qui chasse les toxines de notre organisme. Dans *Respirer la vie*[2], Catherine Ternaux rappelle que, pour les

---

1. Servan-Schreiber David, *Guérir*, Robert Laffont, 2004.
2. Ternaux Catherine, *Respirer la vie*, La Table Ronde, 2003.

yogis, *le nombre de respirations pour chacun est limité, c'est pourquoi, pour vivre longtemps, il faut respirer lentement.* La fréquence respiratoire moyenne est de quinze respirations par minute tandis que celle des individus qui pratiquent régulièrement la méditation est de six.

Il nous faut donc réapprendre à respirer, réapprendre à abaisser le rythme de notre respiration. Ce changement de nos mauvaises habitudes ne peut se faire du jour au lendemain, c'est pourquoi, avant de songer à modifier notre respiration, mieux vaut commencer par prendre conscience de notre respiration habituelle. Catherine Ternaux conseille pour cela de s'allonger sur le dos et d'essayer de sentir le mouvement de piston du diaphragme : *Prendre conscience de sa respiration, cela signifie que l'on doit sentir pendant l'inspiration que le ventre se gonfle, les côtes s'écartent, le bas des poumons se gonfle d'air, puis que le niveau d'air monte dans les poumons et entraîne le soulèvement de la cage thoracique jusqu'aux épaules. Enfin, à l'expiration, le diaphragme remonte, le ventre s'aplatit et la cage thoracique s'abaisse pendant que les poumons se vident d'air.*

La respiration thoracique

Cette respiration nous aide à prendre conscience du travail du diaphragme et du ventre en permettant aux poumons de se remplir et de se vider complètement. Elle est le préalable indispensable à d'autres exercices de respiration consciente.

- Choisissez des vêtements amples et confortables puis allongez-vous par terre ou sur votre lit. Imaginez que vous flottez sur l'eau, les paumes des mains sont tournées vers le plafond, vos jambes sont légèrement écartées.
- Les yeux fermés, inspirez par le nez (pendant 4 ou

5 secondes), lentement, sans forcer. Portez votre attention sur le ventre qui se gonfle, la cage thoracique qui s'ouvre et le haut de votre poitrine qui se remplit d'air. Retenez votre souffle pendant 5 secondes puis expirez pendant 10 secondes. Portez alors votre attention sur votre ventre qui se dégonfle, votre cage thoracique qui se rétrécit et sur le haut de votre poitrine qui s'affaisse. Faites une pause de 3 secondes et reprenez votre inspiration.

• Répétez ce cycle pendant quelques minutes. L'idéal est de pratiquer la respiration thoracique tous les jours, pourquoi pas dans votre lit avant de vous lever ou avant de vous endormir ?

La respiration de la clarté mentale

Le *zazen* est la pierre angulaire du zen. Cette méditation assise est caractérisée par une respiration nasale, fluide, subtile et régulière. Le *zazen* se pratique en dojo, assis sur un coussin rond rempli de kapok (le *zafu*). Face au mur de la salle de méditation, en position de lotus ou de demi-lotus, les méditants ont les yeux mi-clos, le regard posé à environ un mètre cinquante devant eux.

Pour pratiquer la respiration *zazen*, qui favorise la clarté mentale et la pleine conscience, vous pouvez tout simplement choisir une chaise ou un tabouret. Vous pouvez également faire brûler un bâton d'encens japonais pendant cet exercice.

• Installez-vous au calme, seul de préférence, dans une pièce peu chauffée, vêtu de vêtements souples et confortables.

• Disposez votre siège face au mur, laissez reposer vos poignets sur vos cuisses, paumes vers le ciel, posez vos pieds bien à plat, une largeur de trois poings doit les séparer, les genoux sont pliés à angle droit. Redressez-vous, laissez tomber vos épaules, relâchez la pression de votre mâchoire inférieure. Vos paupières sont mi-closes, votre regard se pose sur le sol à environ un mètre cinquante devant vous.

- Inspirez calmement et profondément mais sans forcer par le nez et expirez sans retenir votre respiration. Laissez vos pensées filer comme des nuages dans le ciel. Si votre respiration devient chaotique ou si votre esprit refuse de vous laisser tranquille, comptez vos inspirations et vos expirations. Recommencez chaque fois que vous perdez le fil...

Inutile de vous lancer des défis que vous aurez du mal à tenir. L'important est d'être constant. Essayez de pratiquer cet exercice chaque jour pendant cinq minutes. Chez vous, sur votre lieu de travail, mais aussi dans les transports en commun. Cette respiration consciente et paisible est particulièrement bénéfique dans les périodes de stress ou avant d'affronter une épreuve.

La respiration du sourire

On doit cet exercice, merveilleux de simplicité, au maître zen Thich Nhat Hanh. Lorsque nous sommes traversés par la colère ou la rancœur, nous cessons de prendre soin de nous, nous laissons s'installer en nous des émotions qui sapent notre énergie vitale. Notre souffle se raccourcit, notre thorax, écrasé, nous semble sur le point d'éclater.

La joie engendre le sourire. Et le sourire engendre la détente, le calme et la joie, écrit Thich Nhat Hanh dans *Soyez libres là où vous êtes*[1]. *Pour sourire, je n'attends pas de ressentir de la joie ; le sentiment de joie peut très bien naître plus tard. Étant seul dans ma chambre, je me souris parfois. Je le fais par bienveillance envers moi-*

1. Voir bibliographie.

même, pour bien prendre soin de moi, pour me donner de l'amour. Je sais que si je ne prends pas soin de moi, je ne pourrai pas prendre soin d'autrui.

Notre visage compte plus de trois cents muscles. La peur et la colère créent des tensions musculaires. *Mais si vous inspirez correctement et apprenez à sourire, ces tensions disparaîtront, c'est ce que j'appelle le « yoga de la bouche ».*

- Asseyez-vous confortablement, ventre détendu et épaules relâchées, mains posées sur les cuisses, paumes vers le ciel.
- En inspirant, dites : *inspir.* En expirant, dites : *expir*, de manière à prendre vraiment conscience de votre respiration.
- Répétez cet exercice jusqu'à ce que vous sentiez que votre concentration est devenue plus ferme et plus paisible à la fois.
- Dites ensuite : *profondeur* sur l'inspiration, et *lenteur* sur l'expiration. Poursuivez jusqu'à ce que votre respiration devienne paisible et agréable.
- Passez maintenant à la phase calme – bien-être. Dites *calme* sur l'inspiration, *bien-être* sur l'expiration.
- Calme et détendu, vous pouvez maintenant aborder la respiration du sourire. Vous souriez en inspirant (pour vous aider vous pouvez dire *sourire*) et vous souriez en expirant (vous pouvez également dire *apaisement* sur l'expiration).
- Une fois que votre sourire est installé, que vous ressentez le bien-être et la joie subtile qu'il vous procure, vous pouvez terminer l'exercice par la respiration de la gratitude. En disant : *instant présent* à l'inspiration et *instant merveilleux* en expirant.

La respiration de l'équilibre

Cet exercice, proposé par Catherine Ternaux, apaise l'agitation, favorise la concentration et renforce l'équilibre.

- Asseyez-vous, détendu, le dos droit mais sans tension, le ventre souple, les pieds bien à plat sur le sol.
- Amenez une main près de vos narines comme si vous alliez vous moucher, puis prenez une inspiration.
- Expirez par la narine gauche en bouchant la narine droite avec le pouce (si vous êtes droitier) ou avec l'index si vous êtes gaucher.
- Inspirez par la narine gauche tout en gardant la narine droite bouchée.
- Dégagez à présent la narine droite et bouchez la narine gauche, avec l'index si vous êtes droitier ou avec le pouce si vous êtes gaucher.
- Expirez par la narine droite tout en gardant la narine gauche bouchée.
- Poursuivez l'exercice en alternant la respiration par la narine droite et par la narine gauche. Avec de l'entraînement, vous n'aurez plus besoin de vous boucher le nez, il vous suffira de commander mentalement votre souffle.

禪

Marchez en conscience

(Erik Pigani)

Peut-être pensez-vous que la marche est un exercice peu important et que, parce qu'elle est une activité automatique, elle ne sert qu'à se déplacer pour se rendre là où l'on doit aller... Vous auriez tort, car c'est un véritable sport – recommandé aux cardiaques, aux diabétiques et aux artéritiques – qui demande un minimum d'efforts tout en brûlant beaucoup d'énergie : la marche met tout le corps en mouvement car plus de la moitié des muscles de notre corps sont conçus pour marcher. Elle met aussi en œuvre deux mécanismes physiologiques qui stimulent la circulation sanguine : en se contractant, les muscles du mollet jouent le rôle d'une pompe qui fait remonter le sang vers le cœur ; la voûte plantaire agit comme une éponge qui, à chaque pas, pousse le sang vers le cœur. Voilà pourquoi la marche réduit la fatigue, libère le stress et les tensions, donne de l'énergie et repose l'esprit...

Si vous décidez de laisser de côté le plus souvent possible votre petit véhicule à moteur, pour votre santé ou par souci d'économie d'essence, pour utiliser votre « grand véhicule » physique – comme le disent les bouddhistes –, vous devez, avant tout, prendre conscience de la façon dont vous marchez. En effet, votre corps est une véritable architecture, à la fois complexe et subtile, forte et fragile, qui demande d'être traitée avec respect. Si vous marchez penché en avant, les épaules rentrées, la tête sur le côté, vous imprimez peu à peu une posture contraire à ce que le corps humain demande naturellement : se tenir droit ! Une mauvaise posture entraîne une mauvaise marche, et une mauvaise marche peut aller jusqu'à déformer votre silhouette !

Il n'est pas de notre propos de vous réapprendre à marcher[1], ce qui serait difficile en quelques pages, mais de vous inviter à prendre conscience de la façon dont vous marchez, et donc de prendre conscience de vous-même.

Première étape : regardez-vous marcher

Chez vous, retirez vos chaussures et faites quelques mètres en marchant lentement et naturellement en vous posant successivement ces questions :

- Mes jambes sont-elles droites, en X vers l'intérieur (les genoux sont plus rapprochés que les chevilles), arquées vers l'extérieur (les genoux sont plus écartés que les chevilles) ?
- Mon bassin est-il bien équilibré et d'aplomb ? Est-il en avant, en arrière, penché sur un côté ?
- Mes épaules sont-elles à la même hauteur ? Penchées d'un côté, rentrées vers l'avant ?
- Mes bras se balancent-ils régulièrement dans le sens contraire des jambes, ne bougent pas, bougent n'importe comment ?
- Mes pieds sont-ils bien en contact avec le sol ? En contact plutôt sur le talon, plutôt sur les côtés extérieurs, plutôt sur le gros orteil ?

---

1. Vous pouvez vous référer à l'ouvrage *La Marche et ses bienfaits*, Christina Cuomo, Éditions du Dauphin, 2005.

• Ma tête est-elle bien droite sur un cou souple ? Penchée en avant, plutôt sur le côté ?

Vous l'aurez deviné, une bonne posture pour une bonne marche demande des jambes bien droites, un bassin d'aplomb, un dos droit, des épaules à la même hauteur, une tête droite sur un cou souple, des pieds en contact avec le sol, des bras qui se balancent régulièrement... Si ce n'est pas le cas, inutile de crier panique. Mais prenez conscience que si un seul élément de votre posture pose un problème, tôt ou tard, c'est l'ensemble de votre corps, et donc la qualité de votre marche, qui vous posera un problème. Quel que soit votre âge et, surtout, si vous vous plaignez régulièrement de maux de dos et de contractures répétitives, consultez un chiropraticien sérieux qui vous fera faire un bilan radiologique complet de la colonne vertébrale et proposera un traitement individuel adapté à votre cas (voir p. 57).

Lorsque vous avez pris conscience de la façon dont vous marchez, vous pouvez corriger certains de vos défauts en y prêtant attention quelques minutes par jour.

Deuxième étape : trouvez votre équilibre

Chez vous, toujours sans chaussures :

• Debout, les bras détendus, placez vos pieds bien à plat sur le sol en les écartant légèrement.

• Ressentez bien le contact de vos pieds avec le sol. Si le corps est trop en avant, vous ressentirez plus de poids dans la zone du gros orteil. Si le corps est trop en arrière, vous ressentirez plus de pression sur les talons.

• Effectuez un léger mouvement de balancier d'avant en arrière pour sentir dans quelle position le poids de votre corps sera réparti sur l'ensemble du pied droit et du pied gauche, c'est-à-dire à la fois sur la zone du gros orteil, sur le talon et sur le bord externe.

• Placez vos deux mains sur les hanches en ne les touchant que très légèrement. Faites un léger mouvement de rotation des hanches (tout en gardant le dos droit et la tête droite !), pour ressentir sa position, sa mobilité.
• Visualisez la zone qui se trouve juste en dessous du nombril : c'est à cet endroit, entre les hanches, que se trouve votre point de gravité.
• Ralentissez votre mouvement de rotation et arrêtez-le lorsque vous pensez avoir trouvé votre centre de gravité. Vous devez vous sentir droit, soutenu, solide, bien ancré dans la terre, en parfait équilibre.
• Relâchez les bras, respirez profondément et lentement.

Vous êtes maintenant prêt pour la troisième étape, qui sera la prise de conscience de l'état de la marche :

Troisième étape : laissez-vous marcher

• Fermez les yeux. Vos bras sont ballants, souples, décontractés, comme s'ils étaient « vides ». Imaginez qu'une ficelle est accrochée au dos de chaque main. Imaginez ensuite que cette ficelle est tirée très lentement par une force inconnue et que vos bras se lèvent tout seuls.
• Laissez le temps à vos bras de se lever seuls, comme s'ils fonctionnaient indépendamment de votre volonté. Au début, vous allez ressentir une sorte de flottement dans vos bras et vos mains. Vous allez ensuite effectivement sentir un très léger mouvement indépendant de votre volonté. N'ayez pas peur ! Vos bras vont peut-être se lever de 1 cm, 5 cm, 10 cm... Ou alors il vous faudra quelques jours avant de pouvoir ressentir cet effet de flottement. Le but est de pouvoir ressentir ce mouvement involontaire, guidé uniquement par l'image de ficelles accrochées aux mains. Peu importe la hauteur du mouvement.
• Laissez vos bras retomber. Ouvrez vos yeux. Respirez profondément.
• Sur le même principe, faites alors un pas en avant en

vous « laissant marcher ». Sans forcer, l'esprit calme et le corps détendu, faites cinq pas. Arrêtez-vous, et reprenez la position de départ. Attendez une minute, et recommencez.

Cet exercice n'a pas pour but de vous apprendre à marcher, mais de vous aider à ressentir l'état de la marche naturelle, à prendre conscience de vos mouvements, à être présent à vous-même.

Si vous faites cet exercice pieds nus, vous profiterez aussi d'un massage des pieds non seulement agréable, mais qui sera aussi bénéfique pour tous les organes de votre corps : les orteils sont parmi les zones sensorielles les plus riches et les pressions douces d'une marche lente, en prise directe avec le sol, vont stimuler les zones réflexes qui correspondent à chacun de nos organes[1].

Maintenant, dans la vie quotidienne, si vous vous sentez oppressé, tiraillé entre mille idées dans lesquelles vous ne savez plus faire le tri... Prenez vingt minutes pour faire une bonne marche, où que vous soyez, même si vous n'avez que le choix du tour du pâté de maisons !

Marchez d'un pas assuré, ni trop vite ni trop lent. Pendant deux à trois minutes, concentrez-vous d'abord sur votre respiration : respirez lentement et le plus profondément possible, en détendant votre diaphragme. Cette partie physique, notamment la respiration, vous permettra de libérer certaines tensions intérieures. Ensuite, tout en vous promenant, regardez attentivement les détails de votre environnement, comme si vous découvriez ce quartier pour la première fois ou comme si vous visitiez un musée... Peu à peu, vous sentirez le calme vous envahir.

---

1. Pour en savoir plus : *Réflexologie plantaire*, Jean-Louis Abrassart, Ellébore, 2005.

La méditation marchée : kin-hin

Dans la pratique du zen, il existe une forme de marche très particulière : *kin-hin*. C'est une « méditation marchée » qui se pratique entre deux séances de *zazen*. On fait *kin-hin* comme on fait *zazen*. Cette tradition de l'école Sôtô permet d'abord de vivifier le corps et l'esprit sans interrompre le calme de la méditation assise, ensuite de faire émerger l'état de méditation dans la vie quotidienne.

Pour faire *kin-hin*, il faut adopter une posture très particulière et très précise, mais pourtant simple. Même si vous n'êtes pas pratiquant régulier du zen traditionnel, vous pouvez tenter l'expérience en effectuant l'exercice suivant qui résume les principes de cette marche. Il vous suffit de suivre ces conseils... pas à pas !

- Debout, les pieds placés côte à côte, le dos bien droit, laissez tomber les épaules.
- Serrez votre pouce gauche à l'intérieur de votre poing gauche.
- Placez votre poing gauche sur votre plexus solaire ; la racine du pouce doit s'appuyer légèrement sur le plexus.
- Enveloppez votre poing gauche avec votre main droite.
- Levez les avant-bras à l'horizontale, afin qu'ils soient parallèles au sol. Ne forcez surtout pas, et gardez toujours les épaules détendues. Restez souple !
- La tête doit être bien droite, sur un cou bien droit et souple à la fois. Détendez la mâchoire inférieure pour la rentrer légèrement.
- Gardez vos yeux mi-ouverts ; baissez-les devant vous à 45°.
- Respirez lentement, en expirant profondément, d'une façon puissante et silencieuse. Cette technique de respiration permet de stabiliser la posture.

Cette posture, qui peut inspirer une grande dignité, doit être maintenue pendant le temps de la marche. Marchez très lentement, sur le rythme de la respiration lente et profonde. Il ne faut pas « faire l'effort » de marcher, mais pratiquer le « juste-marcher » de la grande tradition zen, sans penser à quoi que ce soit de particulier. Le plus simple, pour commencer, est de faire un seul pas par respiration : levez le pied en inspirant, comme si l'air remplissait la plante des pieds. Posez ensuite le pied en expirant, le talon en premier. Puis appuyez bien le gros orteil et le reste du pied sur le sol pour vous ancrer à la terre. Marchez ainsi lentement pendant une dizaine de minutes, avec souplesse, en ne pensant à rien d'autre que « juste marcher ».

Dans le *Hôkyôki*, Nyojô dit : *Lorsque vous vous levez pour marcher, ne marchez pas en rond, mais en ligne droite. Lorsque vous voulez tourner après vingt ou trente pas, tournez par la droite et non par la gauche. Et quand vous bougez les pieds, déplacez d'abord le pied droit, puis le pied gauche.*

L'attitude et l'état méditatif empreints de noblesse de ce « *zazen* en marche » peuvent être aussi appliqués à des activités de la vie quotidienne, comme le balayage, le ménage, la cuisine...

Conte zen

Un maître zen se promenait seul dans la montagne. À son retour au monastère, un jeune moine lui demande :

– Maître, où êtes-vous allé vous promener ?

– Dans la montagne, répond le vieux sage.

– Mais quel chemin avez-vous donc pris ? Qu'avez-vous vu ? insiste le moine.

– J'ai suivi l'odeur des fleurs et j'ai flâné selon les jeunes pousses.

Il faut se laisser guider par le dharma du Bouddha, faire confiance aux herbes et aux fleurs qui poussent sans but, sans égoïsme, naturellement, inconsciemment, commente Taisen Deshimaru. *Cette réponse venait de la source de la sagesse. La véritable sagesse doit être créée au-delà du savoir et de la mémoire*[1].

---

1. In *Le Bol et le Bâton*, de Taisen Deshimaru et Alain Liebmann, Albin Michel, 2001.

Cuisinez comme un tenzo

(Erik Pigani)

De la cuisine zen ? Cela semble si incongru face à l'image d'austérité et de dénuement que les Occidentaux ont du zen que certains ont du mal à le croire. Il existe bien un art zen de la cuisine ! Avec une technique extrêmement élaborée, car, contrairement à ce que l'on pourrait aussi penser, le zen intègre aussi la notion de bien-être et de santé du corps dans la spiritualité. C'est pourquoi *shojin-ryori* peut être traduit par « cuisine aux légumes destinée à la préparation du développement spirituel ». L'importance de la cuisine dans la vie quotidienne d'un moine zen est telle que maître Dôgen a fait du *tenzo* – le chef cuisinier, appelé parfois le saint cuisinier – une fonction clé de son monastère, juste après celle de l'abbé principal... Dôgen a par ailleurs rédigé deux traités sur ce sujet, dont les *Instructions au cuisinier zen*[1], un ouvrage de référence connu dans le monde entier.

La cuisine zen est avant tout végétarienne puisque, selon le principe bouddhique, on ne doit pas manger des

1. Maître Dôgen, voir bibliographie.

êtres doués de sensibilité. Mais ce guide n'a pas pour but de vous transformer en moine zen, aussi n'êtes-vous nullement tenu de devenir végétarien pour appliquer ces principes culinaires de base ! Vous trouverez donc, dans les pages qui suivent, quelques recettes à base de viande blanche. Il n'empêche que, pour votre bien-être et votre santé, vous pouvez aussi, comme le conseillent nombre de diététiciens aujourd'hui, limiter votre consommation de viande.

De même, un repas monastique zen est accompagné de rituels précis. Mais vous n'êtes pas tenu de prier avant chaque repas ! Toutefois, personne ne vous interdit de faire un petit rituel symbolique de remerciement à la nature pour ses bienfaits et à tous ceux qui ont œuvré (jardiniers, agriculteurs, éleveurs, vendeurs...) pour votre repas. Cela peut être une manière de se préparer à manger en toute conscience.

Et c'est bien là l'enseignement de Dôgen : *Quand vous préparez la nourriture, ne voyez pas avec le regard ordinaire et ne pensez pas avec un mental ordinaire.* Autrement dit, soyez conscient non seulement de vous-même et de chacun de vos gestes, mais aussi de la nature sacrée des ingrédients que vous utilisez. C'est aussi le sens de l'une de ses plus célèbres phrases : *Prenez une feuille de légume vert et faites-en un corps d'or pur haut de seize pieds.* C'est la pleine conscience – et donc le regard que l'on porte sur les choses – et le respect de la nature qui vont permettre au cuisinier d'effectuer une véritable transmutation alchimique des aliments. Il ouvre ainsi les portes d'une dimension sacrée, même dans les gestes les plus simples. *Regardez ! Couper ces carottes est une manifestation de la Voie du Bouddha, cuire cette feuille de chou est une manifestation de la Voie du Bouddha,* ajoute Dôgen. Plus simplement, voilà toute la différence entre un repas vite fait et un repas fait avec amour...

Historiquement, la cuisine zen est issue, à la fois, de la cuisine médicinale chinoise et de la tradition médicale ayurvédique de l'Inde selon lesquelles un médecin doit avant tout examiner l'alimentation de son malade et la modifier en conséquence pour obtenir la guérison. C'est pourquoi, dans le *shojin-ryori*, le choix et la préparation des aliments sont la plupart du temps liés à la santé du corps et au traitement des maladies, conformément aux grands principes du yin et du yang, du chaud, tiède et froid, des cinq éléments, cinq saveurs, cinq couleurs, cinq saisons... S'y ajoutent quelques particularités spécifiques au zen ainsi que l'utilisation d'ingrédients typiquement japonais : algues de mer, produits à base de soja *(tofu, miso, shoyu)*.

Les principes théoriques du *shojin-ryori* sont, en eux-mêmes, extrêmement complexes, et il faut des années de pratique pour devenir un véritable *tenzo*. Cependant, vous pouvez, au quotidien, appliquer quelques règles et faire vôtres certains principes de base. Par la suite, si vous le désirez, vous pourrez approfondir le sujet avec des ouvrages spécialisés, des livres de cuisine diététique chinoise ou même vous intéresser à la méthode Kousmine, mise au point par le docteur Catherine Kousmine, la grande pionnière de la diététique et de l'alimentation médicale et dont bien des principes sont très proches de la cuisine zen [1].

Comme pour les autres chapitres de ce guide, ne vous sentez pas obligé d'appliquer toutes les règles en même temps et d'un seul coup... Tenez-vous-en à un ou deux principes pour commencer. Puis, progressivement, changez certaines de vos habitudes culinaires et alimentaires. Et pourquoi pas certaines de vos habitudes de consomma-

---

1. Voir, par exemple, *Kousmine gourmande*, de Suzanne Preney et Brigitte Favre, Éditions Jouvence, 2005.

tion. Mais, lorsque vous cuisinez, gardez toujours à l'esprit ces trois qualités chères au zen : *conscience*, *simplicité* et *respect du vivant*. À vous, ensuite, d'insuffler tout l'amour que vous pourrez...

Des légumes de saison

Parce qu'ils sont en correspondance avec la qualité énergétique spécifique de chaque période de l'année – et donc avec les cycles de la nature –, les fruits, légumes et produits de saison entrent beaucoup plus facilement en harmonie avec l'énergie spécifique du corps humain pour la nourrir. C'est pourquoi cette première règle, par laquelle vous devriez commencer, est la base de la cuisine zen, de l'alimentation médicinale chinoise, de la méthode Kousmine.

- Le printemps, c'est le renouveau, l'énergie montante qui fait pousser les « légumes-feuilles », fait pondre les poules, permet de produire des fromages frais, ouvre la saison de la pêche.
- L'été, la nature explose de vie. Le soleil fait mûrir les fruits, les « légumes-fruits », donne de la vigueur aux salades, réveille les vertus des plantes aromatiques...
- L'automne, lorsque l'énergie commence à redescendre vers la terre, elle permet de produire les « légumes-racines », les courges, les premiers choux, et nombre de fruits qui se conserveront durant l'hiver. C'est aussi la saison des fromages affinés, de la chasse...
- L'hiver, la nature se repose après nous avoir laissé des fruits et légumes de réserve et quelques légumes tardifs que l'on pourra compléter avec des fruits exotiques importés pour compenser le manque de vitamine C.
- Selon la tradition chinoise, il y a une cinquième saison : le « long été », dit aussi intersaison, qui s'intercale entre l'été et l'automne. Mais là aussi, le principe est plus

complexe : selon le pays ou la région, cette intersaison humide peut se situer avant l'été...

Des produits naturels du terroir

Il va de soi que, en matière de cuisine zen, l'alimentation bio est une règle de base. Bien sûr, les fruits et légumes (et les autres produits) issus de l'agriculture biologique sont dépourvus d'insecticides, de conservateurs, de solvants, de détergents et autres produits chimiques toxiques. Bien sûr, ils ont un goût incomparable, des qualités nutritives et énergétiques qui ne peuvent pas non plus être comparées. Mais n'oubliez pas que leur mode de culture protège aussi l'environnement.

Un autre critère a, lui aussi, son importance : choisissez de préférence des produits du terroir. Pourquoi ? D'une façon très pragmatique, acheter des fruits et légumes à un producteur local donne l'assurance qu'il s'agit de produits de saison. D'une façon plus empirique, les aliments locaux sont dans le même champ de cohérence énergétique que la terre sur laquelle vous vivez. Sans oublier que, en vous fournissant dans une ferme ou une « biocoop » de votre ville, vous avez toutes les chances d'obtenir des produits d'une qualité que vous ne retrouverez pas dans la grande distribution. Ce besoin de qualité, que nous ressentons tous, explique le succès grandissant des AMAP – les associations pour le maintien d'une agriculture paysanne – qui regroupent les consommateurs autour d'une ferme locale. Même s'il ne s'agit pas de fermes bio, ces produits sont toujours d'une excellente qualité.

Les habitants des régions nord pourront se plaindre, en raison d'un ensoleillement moindre, d'un choix plus limité même si les changements climatiques auxquels nous assistons sont en train de modifier le biotope de chaque région. Ils auront raison, mais il n'est absolument pas interdit d'utiliser des produits importés d'autres régions ou d'autres pays. Tout est une question de dosage : privilégiez d'abord les productions de votre région ; complétez ensuite avec des produits importés.

Enfin, que vous viviez dans une maison ou en appartement, n'oubliez pas que vous pouvez cultiver vos propres herbes aromatiques, dans un carré de jardin ou dans une jardinière... Pour votre cuisine, ce sera l'élément le plus frais, le plus bio... et le plus local ! Et si vous avez votre propre jardin potager, vous aurez la chance de pouvoir tenir compte de la « durée de vie vibratoire » des légumes. Selon la tradition zen et bon nombre de traditions spirituelles, tous les êtres vivants ont leur propre qualité « vibratoire » – une qualité énergétique subtile – aussi importante pour la vie que les vitamines et les minéraux. Lorsque l'on cueille un légume, cette qualité vibratoire s'estompe rapidement : une heure pour les légumes à feuilles tendres (salade, épinards...), deux heures pour les légumes à feuilles dures, cinq heures pour les légumes-racines. Aussi, essayez de cueillir vos légumes juste avant de les cuisiner.

Une cuisson énergétique

Dans la cuisine zen, le mode de cuisson est un élément aussi essentiel que l'aliment lui-même ! Ce mode répond à deux principes : l'équilibre yin-yang, et les « 5 méthodes ».

Au printemps et en été, des saisons *yang*, on privilégie des cuissons courtes qui vont dilater l'énergie et avoir un effet rafraîchissant. En automne et en hiver, des saisons *yin*, ce seront plutôt des cuissons longues, qui vont condenser l'énergie et avoir un effet réchauffant.

Pour ce qui concerne les « 5 méthodes », elles correspondent aux 5 saisons de la tradition chinoise.

• **À la vapeur.** Cuisson privilégiée du printemps.
C'est celle qui préserve le plus le goût des aliments et les minéraux. Ne consommez pas l'eau de cuisson.

• **Grillés.** Cuisson privilégiée de l'été.
Grillés ou rôtis, les aliments gagnent en goût et en saveur. Cependant, ce mode de cuisson a un inconvénient : il produit des hydrocarbures polycycliques cancérigènes. N'abusez donc pas du barbecue, que vous pouvez alterner avec des grillades sur pierres (pierrades).

• **Crus.** Mode d'alimentation privilégié du « long été ».
L'alimentation crue doit être équilibrée avec les modes de cuisson de la saison précédente et de la saison suivante. La cuisson au four (ou au four à infrarouges) est une bonne solution alternative.

• **Frits.** Cuisson privilégiée de l'automne.
Chacun sait que, en matière de diététique, les fritures en friteuse sont plus que déconseillées. Mais il n'est pas interdit de se faire plaisir de temps en temps... Le mieux est de faire plutôt frire légèrement les aliments au wok et donc avec très peu d'huile.

• **Bouillis.** Cuisson privilégiée de l'hiver.
En raison de la déperdition importante de minéraux et de vitamines, utilisez l'eau de cuisson pour faire des soupes et des potages. La cuisson à l'étouffée ou en papillotes est une solution alternative intéressante car les aliments, qui cuisent dans leur propre eau, gagnent en goût et perdent beaucoup moins de minéraux.

À proscrire dans tous les cas : la cuisson au micro-ondes...

Bien sûr, il ne s'agit pas d'adopter un seul et unique mode de cuisson par saison mais, comme tout *tenzo* le ferait, d'équilibrer les types de cuisson autour du mode de cuisson principal. Par exemple, en été, vous pouvez faire du poisson et un légume grillé (ou en brochettes), avec du riz vapeur et une salade crue. Un menu typique que vous pouvez retrouver dans les restaurants japonais :

brochettes, riz vapeur, soupe chaude (les légumes ne sont pas bouillis), chou cru.

Le yin et le yang

Le concept du yin et du yang est maintenant bien connu des Occidentaux[1]. Le *yin*, c'est le féminin, le sombre, le froid, le profond, l'intériorité. Le *yang*, c'est le masculin, le clair, le chaud, l'extérieur, le plein. Attention cependant : ces qualités à la fois complémentaires et opposées ne fonctionnent jamais l'une sans l'autre car chacune contient en elle le germe de l'autre. En cuisine, on recherche donc aussi l'équilibre de ces deux forces. Pour simplifier, les aliments yin sont sucrés, fades, légers ; les aliments yang sont salés, âcres et lourds. Une bonne alimentation n'est donc ni trop yin ni trop yang et respecte les saisons : comme l'hiver est yin, il faudra renforcer le yang ; comme l'été est yang, il faudra renforcer le yin. Cela paraît une évidence : manger un bon cassoulet au confit d'oie en plein été par temps de canicule ne présage rien de bon pour l'après-midi... De même qu'en hiver on ne peut se contenter d'une légère soupe froide et d'un bol de taboulé !

À titre indicatif, voici quelques exemples d'aliments qui renforcent le *yin*, le *yang* et ceux qui sont considérés comme *yin-yang*, ou neutres :

---

1. Pour en savoir plus : *Soyez yin*, de Pascale Senk ; *Soyez yang*, d'Erik Pigani, Presses du Châtelet, 2002.

	YANG	YIN-YANG	YIN
LÉGUMES	riz germe de soja piments poivre sésame asperge échalote basilic cannelle fenouil girofle poireau cumin aneth	radis épinards carotte tomate ail gingembre orge patate douce pomme de terre arachide maïs fèves soja	concombre oseille aubergine menthe origan laitue blette algues pousses de bambou artichaut cru céleri haricots citrouille
VIANDES	mouton bœuf chèvre	poulet porc	canard lapin
POISSONS	crevettes	carpe seiche anguille	crabes mollusques (moules, huîtres)
FRUITS	abricot cerises noix châtaignes pêche litchis	raisin prune fraise grenade orange mandarine amande, mûre	banane poire pastèque melon pomme citron, kaki
DIVERS	sucre entier lait de vache lait de brebis vin	œuf de poule vinaigre sucre raffiné	miel œuf de canard thé sel

Il existe un certain nombre de règles qui régissent l'équilibre yin-yang dans la cuisine. Par exemple, dès le printemps, commencez à alléger *progressivement* l'alimentation en diminuant les portions des plats lourds et en utilisant des ingrédients plus froids. En automne, commencez à préparer des plats plus chauds tout en continuant d'utiliser des fruits de saison.

La découpe de légumes est aussi importante : en été, privilégiez une découpe plus fine (yin), en hiver une découpe plus grosse (yang). Quant au mode de cuisson, reportez-vous au paragraphe correspondant (p. 83).

Bien sûr, vous pouvez trouver cette pratique culinaire très complexe. Et il est vrai qu'une vie suffit à peine pour qu'un *tenzo* maîtrise son art. Vous pouvez approfondir le sujet avec des livres appropriés. Toutefois, vous pouvez vous familiariser avec les effets d'un bon équilibre des forces yin et yang en adoptant un principe très simple : le ressenti, l'intuition, l'attention que l'on prête aux choses. Si un repas est équilibré et apporte l'énergie appropriée au moment, vous le sentez immédiatement. S'il est trop lourd, trop chaud, vous serez trop lourd et trop chaud. S'il est trop frais, vous ressentirez un état de manque, de vide. Dans tous les cas, si vous consultez régulièrement un acupuncteur, il pourra vous donner des conseils précis pour votre alimentation en fonction de votre tempérament et de votre propre équilibre yin-yang.

Les cinq saveurs

En cuisine médicinale chinoise, tout comme en cuisine zen, on tient compte de la règle des « cinq saveurs » : aigre, amer, sucré, âcre, salé. Elles correspondent aux cinq éléments du Tao : le Bois, le Feu, la Terre, le Métal, l'Eau... Ainsi qu'aux 5 saisons, 5 couleurs, 5 organes, etc. Pour simplifier cette théorie, voici un tableau récapitulatif de cette classification :

ÉLÉMENTS	BOIS	FEU	TERRE	MÉTAL	EAU
Saveurs	Aigre	Amer	Sucré	Âcre	Salé
Saisons	Printemps	Été	Long été	Automne	Hiver
Couleurs	Bleu/Vert	Rouge	Jaune	Blanc	Noir
Organes yin (zang)	Foie	Cœur	Rate	Poumon	Rein
Organes yang (fu)	Vésicule	Intestin grêle	Estomac	Gros intestin	Vessie

Le *tenzo* va donc tenir compte de ce tableau pour composer un repas équilibré. Bien sûr, il n'est pas question d'utiliser uniquement des aliments de saveur amère en été ou uniquement salée en hiver : tout est une question de proportions, sans oublier de penser à privilégier les aliments qui correspondent à la saison. Par exemple, un repas avec des aliments verts de saveur aigre au printemps va tonifier l'organe correspondant, le foie. Vous pouvez donc tenir compte de ce tableau pour composer vos repas, mais pensez avant tout à varier les ingrédients et les couleurs, de la même façon que vous variez les modes de cuisson. Ceux qui consultent régulièrement un acupuncteur pratiquant aussi la diététique chinoise pourront lui demander, pour leur propre cas, des conseils individualisés.

Exemples de saveurs :

Aigre : légumes verts, fruits et légumes acides (citron, fenouil, oseille, épinards...), sésame, prune, ciboulette...
Amer : fruits et légumes rouges (melon, cerise, poivron, tomate...), blé, abricot, mouton, café...
Sucré : riz, pois chiche, légumes fibreux (fenouil), bœuf, châtaigne, datte, soja, pomme de terre, arachide, concombre, poire, pastèque, citrouille, aubergine, maïs, carotte, fève, céleri...
Âcre : oignon, chou-fleur, millet, pêche, échalote, poulet, produits piquants (poivre, gingembre, piment, ail...), poireau, menthe, radis...
Salé : « légumes-racines », graines de soja, orge, porc, algues...

L'équilibre des trois bols

Lors de son ordination, chaque moine reçoit une série de bols en bois ou en porcelaine, le *oryoki*. On peut traduire ce terme par « ce qui contient juste assez » qui définit parfaitement le sens de ces bols. Dans un sens plus large, *oryoki* désigne l'utilisation rituelle de ces bols pendant les repas silencieux du monastère. Aujourd'hui, dans les magasins d'articles de maison, de cadeaux ou d'import, on trouve des « sets zen » complets qui comportent trois bols (deux petits et un grand, dit le « bol de Bouddha »), une cuillère en bois et des baguettes avec leur petit support, un set de table, une serviette ainsi qu'une spatule pour nettoyer les bols et un torchon.

Les trois bols sont censés contenir l'ensemble du repas. Le grand est consacré aux légumes et féculents ; l'un des deux petits aux aliments protéinés ; l'autre à la soupe, la salade ou le dessert. Mais ne regardez pas ces bols comme un simple gadget exotique : leur transmission était l'un des grands symboles de la tradition zen, car les bols eux-mêmes représentaient le Bouddha.

De temps en temps, accordez-vous un repas du soir zen et testez ce principe d'équilibre nutritionnel. Éteignez la télé, allumez quelques bougies et présentez le repas complet dans les trois bols. Mangez lentement en prenant conscience de chacun de vos mouvements, de chacune de vos sensations. Vous verrez que ce repas ne sera ni trop ni trop peu mais « juste assez ».

Lorsque le repas est prêt...

L'*oryoki* est l'une des pratiques rituelles les plus élaborées créées par maître Dôgen. Prières de gratitude, juste quantité de nourriture, façon de manger consciente de la première à la dernière miette, joie et sérénité... Des principes que, à l'heure des fast-foods, des surgelés et des plats-minute, on est aujourd'hui loin d'appliquer. Pourtant, c'est une question non seulement de vie zen et saine, mais de santé ! La raison en est simple : il faut entre vingt et trente minutes pour que certaines hormones gastriques responsables du rassasiement se libèrent et envoient un message au cerveau qui déclenchera, alors, la sensation de satiété. Aussi, mangez lentement, par petites bouchées. Regardez attentivement ce que vous mangez. Mâchez chaque bouchée comme si vous goûtiez ce plat pour la première fois. De temps en temps, posez vos couverts. Ne vous précipitez pas la tête en avant dans votre assiette pour engloutir le contenu de votre fourchette mais gardez le dos droit et la tête droite en amenant calmement la fourchette à la bouche. En somme, mangez calmement... et proprement ! Un repas doit durer au minimum une demi-heure. Cette attitude plus zen vous permettra non seulement de prendre conscience du moment présent, mais aussi de faciliter la perception des signaux impliqués dans le déclenchement de la satiété. Vous mangerez donc moins !

Vous trouverez, dans les pages suivantes, une douzaine de recettes. Elles vous sont proposées à titre d'exemple pour vous faire prendre conscience que cuisiner dans l'esprit zen n'a rien de rébarbatif et que ce doit être, avant tout, créatif...

Soupe de riz : la *Genmaï*

Toutes saisons

150 g de riz rond complet bio • 1 gros poireau • 2 carottes • 1 oignon • 1 petit céleri en branches • 1 petit navet (en option) • shoyu (sauce de soja)

- Vous pouvez réaliser cette recette le soir.
- Après avoir rincé abondamment le riz, laissez-le tremper pendant 1 heure.
- Découpez les légumes en petits cubes (pour ceux qui n'aiment pas le goût du navet, vous pouvez le remplacer par une troisième carotte).
- Dans une grande casserole, faites bouillir 1,25 litre d'eau ; versez le riz et laissez cuire à petits bouillons jusqu'à ce que les grains aient éclaté dans l'eau (il faut compter environ 1 heure).
- Ajoutez les légumes ; lorsque l'eau bout de nouveau, baissez le feu au minimum et laissez cuire 1 heure.
- Éteignez le feu, couvrez la casserole, et entourez-la de linges pour conserver la chaleur le plus longtemps possible.
- Le lendemain matin, faites réchauffer cette soupe en ajoutant un peu d'eau s'il le faut ; assaisonnez-la avec du shoyu.

Cette soupe de riz est une variante du gruau de riz servi dans les temples japonais après le zazen *du matin.*

Elle a été adaptée pour maître Deshimaru lors de son arrivée en France. À l'image du zen, elle n'a pas une saveur particulière, mais les contient toutes. Excellente pour la santé, énergétique, elle peut être consommée toute l'année, à l'occasion d'un repas, après une méditation, un entraînement sportif...

Pâté végétal à l'orge

Plat
Printemps

200 g d'orge mondé concassé • 150 g de carottes • 150 g de haricots verts • 150 g de petits pois • 100 g de pommes de terre nouvelles • 2 cœurs d'artichauts • 150 g de fromage râpé (comté) • 2 cuillerées à soupe de beurre • persil, sel, poivre (ou coriandre) • 1 moule à cake

- Coupez les légumes (carottes, haricots verts, pommes de terre, artichauts) en petits dés ou en petits tronçons.
- Faites cuire l'orge 30 minutes dans 2 fois son volume d'eau.
- Faites cuire les légumes à la vapeur (veillez à ce qu'ils restent fermes).
- Dans un saladier, mélangez doucement l'orge et les légumes, en ajoutant le persil, 2 cuillères à soupe de beurre et 100 g de fromage râpé ; salez et poivrez.
- Versez la préparation dans un grand moule à cake et recouvrez-la avec le reste du fromage.
- Faites cuire à four moyen pendant environ 45 minutes.

Ce pâté végétarien est excellent chaud avec un léger coulis de tomates (ou d'un autre légume) et vous pouvez l'accompagner d'une simple salade. Mais vous pouvez aussi le manger froid (laissez-le reposer une nuit) : il peut se conserver plusieurs jours au réfrigérateur. Si vous n'êtes pas végétarien, il peut servir d'accompagnement pour des aiguillettes de poulet cuites en papillote avec du thym et du romarin ou saupoudrées de curcuma.

Asperges sautées aux graines de sésame

Accompagnement
Printemps

1 kg d'asperges vertes • 1 cuillère à soupe de graines de sésame • 2 cuillères à soupe d'huile de colza • 1 cuillère à café de sauce de soja • 1 gousse d'ail hachée • 1 cuillère à café de gingembre frais râpé • 2 cuillères à café d'huile de sésame • sel, poivre, sucre en poudre • 1 wok (ou une poêle)

- Faites chauffer le wok (sans huile) ; faites griller les graines de sésame pendant 2 minutes puis retirez-les du wok.
- Mettez les 2 cuillères à soupe d'huile de colza dans le wok ; quand elle est chaude, ajoutez l'ail, le gingembre, puis les asperges et faites revenir 3 minutes en remuant les légumes avec une spatule en bois ; salez, poivrez et ajoutez 2 pincées de sucre en poudre ; faites revenir encore 1 minute.
- Arrosez enfin avec l'huile de sésame, la sauce de soja et saupoudrez de graines de sésame ; après avoir mélangé le tout, servez aussitôt.

Cet excellent accompagnement pour un poisson cuit à la vapeur ou en papillote est un bon exercice pour apprendre à utiliser un wok. Cet ustensile culinaire japonais demande de n'utiliser que très peu d'huile. Si vous ne possédez pas de wok, vous pouvez utiliser une poêle.

Chiffonnade d'endives aux amandes

Accompagnement
Printemps

1 kg d'endives • 15 cl de fromage blanc entier • 1/2 citron • 50 g d'amandes effilées • 40 g de beurre • sel, poivre, sucre en poudre

- Enlevez les premières feuilles des endives et éliminez le petit cône blanc qui se trouve au centre de la base ; coupez les endives en lanières (pas trop fines) dans le sens de la longueur.
- Faites griller les amandes dans une poêle (sans ajouter de matière grasse) et réservez-les.
- Dans une poêle, faites fondre le beurre, puis faites sauter les endives pendant 5 à 6 minutes. Salez, poivrez, et ajoutez 1 cuillère à café de sucre.
- Réduisez le feu au minimum, couvrez et laissez étuver 15 minutes (si vous estimez que les endives sont trop grillées et risquent de brûler, ajoutez un quart de verre d'eau avant de couvrir).
- Ajoutez le fromage blanc, le jus de citron et laissez cuire encore 5 à 6 minutes sans couvrir en remuant délicatement de temps en temps pour bien répartir le fromage blanc.
- Servez chaud en ajoutant les amandes grillées sur les endives.

Un accompagnement raffiné pour du poisson grillé au thym ou des coquilles Saint-Jacques revenues à la poêle (avec très peu de beurre) et très légèrement saupoudrées de curcuma.

Purée d'abricots au thon

Entrée
Été

2 gros concombres • 1 boîte de thon au naturel (300 g) • 400 g d'abricots frais • feuilles de menthe • 1 filet d'huile d'olive

- Lavez et épluchez les concombres en laissant 4 ou 5 fines bandes de peau sur le pourtour ; découpez-les en 4 ou 5 tronçons (selon la longueur du concombre) que vous évidерez à la petite cuillère de manière à former des godets de 6 ou 7 cm de hauteur.
- Ouvrez les abricots et enlevez le noyau.
- Ouvrez la boîte de thon et faites-le égoutter.
- Dans un robot mixeur, mettez le thon et les abricots (il doit y avoir à peu près la même quantité d'abricots que de thon), ajoutez le filet d'huile d'olive et mixez.
- Remplissez les godets de concombre avec cette préparation ; garnissez avec deux feuilles de menthe et laissez au réfrigérateur 1/2 heure avant de servir.

Très rafraîchissante, avec un goût surprenant, voici une entrée simple et rapide à préparer. Une autre formule, qui plaît beaucoup aux enfants, consiste à remplacer les abricots frais par des abricots au sirop : égouttez soigneusement les oreillons d'abricots (n'utilisez pas le sirop !) et n'ajoutez pas l'huile d'olive.

Brochettes de poulet au soja

Plat
Été

4 gros filets de poulet • 1 cuillère à soupe d'huile de colza (ou olive-colza) • 2 gousses d'ail • 8 cuillères à soupe de sauce de soja • 4 cuillères à soupe de miel • 8 brochettes en bois • 1 pincée de paprika doux ou de coriandre moulue

- Découpez les filets de poulet en cubes moyens.
- Faites tremper les brochettes en bois dans de l'eau.
- Dans un petit saladier profond, mélangez bien avec une fourchette en bois la sauce de soja, le miel, l'ail haché, l'huile, les épices choisies ; ajoutez les cubes de poulet et mélangez à nouveau.
- Couvrez le saladier et laissez mariner à température ambiante pendant 1 heure.
- Enfilez les morceaux de poulet sur les brochettes, sans les tasser.
- Faites cuire au gril ou au four pendant une vingtaine de minutes, en tournant les brochettes de temps en temps sans oublier de les arroser avec le restant de sauce.

Grand classique de la cuisine japonaise, les brochettes de poulet ont l'avantage de plaire autant aux adultes qu'aux enfants. À raison de 2 brochettes par personne, vous pouvez les servir avec un bol de salade (laitue et concombres par exemple) et du riz. C'est un repas simple et léger.

Taboulé de quinoa au poulet

Entrée ou plat léger
Été, long été

100 g de graines de quinoa • 1 gros filet de poulet cuit • 1 bouquet de persil plat • 1 petite poignée de ciboulette • 1 tomate • 1/2 poivron rouge ou vert • 1 bouquet de menthe fraîche • 3 bonnes cuillères à soupe d'huile d'olive • 1 citron • sel, poivre (ou coriandre moulue)

- Rincez le quinoa, puis versez-le dans 2 fois son volume d'eau froide, salez légèrement ; portez à ébullition puis réduisez le feu au minimum et couvrez la casserole pendant environ 12 minutes (toute l'eau ne doit pas s'évaporer) ; retirez du feu et laissez gonfler les grains de quinoa de 3 à 4 minutes.
- Hachez les herbes (persil, ciboulette, quelques feuilles de menthe), découpez le filet de poulet en petits cubes.
- Ébouillantez la tomate une minute, pelez-la et découpez-la en petits dés ; faites la même chose avec le poivron rouge.
- Mettez le quinoa (les grains doivent être bien séparés), les cubes de poulet et les herbes dans un saladier et arrosez avec l'huile d'olive, le jus du citron ; salez (poivrez si vous voulez, mais le mieux est de remplacer le poivre par de la coriandre moulue).
- Couvrez le saladier et laissez mariner 1 heure au réfrigérateur.

Le quinoa est une petite graine « sacrée » cultivée au Pérou depuis l'époque des Incas et dont on commence à découvrir les qualités nutritionnelles exceptionnelles : protéines, vitamines, minéraux, des bonnes graisses, des fibres excellentes pour la digestion et dépourvues de gluten ! Un produit bio du commerce équitable à consom-

mer toute l'année... Ce taboulé, qui peut aussi être un véritable plat d'été, peut être enrichi avec quelques dés de feta, un demi-concombre coupé en dés lui aussi, du basilic, des raisins secs.

Potage aux mille courges

Entrée
Long été, automne

Potiron, courgettes, courges (environ 2 kg) • 1 poireau • 1 pomme de terre • 1 jeune branche de céleri (vert pâle) • 1 clou de girofle, 4 feuilles de sauge fraîche, sel.

- Lavez, épluchez les légumes et coupez les courges en dés moyens après avoir enlevé les graines ; coupez le poireau en rondelles épaisses, dans le sens de la largeur, et coupez la pomme de terre en dés moyens.
- Déposez les légumes dans une grande cocotte, versez de l'eau presque jusqu'à hauteur des légumes (sans les recouvrir) et ajoutez le clou de girofle, la sauge et le sel.
- Faites chauffer jusqu'à ébullition, puis diminuez le feu de moitié.
- Laissez cuire 1/2 heure en couvrant la cocotte à moitié.
- Passez consciencieusement le potage au mixeur.

Pour ce potage extrêmement simple, mais d'un goût très fin, le jeu consiste à utiliser le plus de variétés de courges possible. Servez-le chaud dans des bols évasés. Si vous avez de la ciboulette fraîche, décorez les bols avec 3 ou 4 feuilles.

Champignons farcis au tofu

Plat

Automne

12 gros champignons blancs frais • 125 g de petits champignons de Paris frais • 80 g de tofu • 2 cuillères à soupe d'oignons finement hachés • 1 échalote finement hachée • 2 cuillères à soupe de purée de tomates • chapelure • sel, poivre

- Hachez finement les petits champignons (vous pouvez aussi utiliser les pieds des gros champignons), pressez-les fortement dans un linge pour en extraire l'eau.
- Dans une petite poêle, faites fondre une noisette de beurre, versez les champignons hachés, ajoutez les cuillères d'oignons et l'échalote très finement hachée ; faites rissoler doucement 5 minutes.
- Ajoutez le tofu émietté, les 2 cuillères de purée de tomates, le sel, le poivre et laissez mijoter à feu très doux une dizaine de minutes en mélangeant doucement ; le mélange prêt, versez-le dans un bol pour le réserver au réfrigérateur.
- Lavez les gros champignons en laissant la peau mais enlevez les pieds.
- Mettez les champignons dans un plat à four, remplissez-les avec la farce au tofu et saupoudrez de chapelure.
- Laissez cuire une vingtaine de minutes puis servez très chaud.

Très simple à préparer, à raison de 2 gros champignons par personne, ce plat est très nourrissant : le tofu est un bon apport de protéines végétales. Si vous le voulez, vous pouvez remplacer le tofu par du jambon haché. Vous pouvez servir avec un riz légèrement safrané ou un riz au curry et une petite salade à la ciboulette.

Bouillon de poulet au chou

Repas complet
Automne, hiver

1 poulet bio • 1 chou vert • 2 carottes • 1 branche de céleri • 2 poireaux • 1 tête de fenouil • 4 clous de girofle, 1 petite branche de romarin, 2 gousses d'ail, sel

- Lavez et épluchez les légumes ; choisissez et coupez les grandes feuilles de chou en lamelles larges (les petites feuilles peuvent rester entières) ; tronçonnez les poireaux en gros morceaux dans le sens de la largeur ; coupez le fenouil en lamelles.
- Enlevez une partie de la peau du poulet, notamment les parties graisseuses.
- Plongez le poulet dans la grande cocotte remplie d'eau à moitié et portez à ébullition pendant 5 minutes.
- Ajoutez les légumes (sauf le chou), ainsi que les clous de girofle, le romarin, l'ail et le sel ; attendez une nouvelle ébullition, réduisez le feu de moitié et laissez cuire 20 minutes.
- Ajoutez le chou, réduisez le feu au minimum et laissez mijoter une bonne 1/2 heure.

Ce bouillon est régénérant et constitue en lui-même un repas entier. En plat principal, présentez le poulet dans un petit bol en le saupoudrant légèrement de curcuma. Dans le deuxième petit bol, du riz et dans le grand bol, les légumes bien égouttés. Vous pouvez consommer le bouillon dans le même repas ou le réserver pour un ou plusieurs autres repas. Inconvénient : si vous n'enlevez pas suffisamment de peau de poulet, il sera assez gras.

Pâtes au chou

Accompagnement
Hiver

1 beau chou blanc • 500 g de pâtes « coudes rayés » • 1 oignon • beurre, sel, poivre

- Enlever les feuilles superficielles du chou et découpez-le en tranches de 1,5 cm d'épaisseur ; dans un saladier, émiettez les tranches de chou en supprimant les parties dures : vous obtenez une salade de lamelles de chou ; salez copieusement en remuant les lamelles, couvrez le saladier et laissez-le à température fraîche ou ambiante (pas dans le réfrigérateur) pendant toute une nuit au moins pour permettre au chou de dégorger et de perdre un peu de son amertume.
- Émincez l'oignon pas trop finement ; dans une grosse sauteuse (ou une Cocotte-Minute), faites fondre le beurre ; lorsqu'il est suffisamment chaud, faites fondre doucement les morceaux d'oignon.
- Ajoutez le chou, après avoir vidé l'eau qui se sera déposée dans le fond du saladier, et faites-le revenir dans le beurre, sans cesser de remuer ; réglez le feu au minimum ; laissez cuire (environ 20 minutes) en surveillant la cuisson et en remuant de temps en temps (le chou doit fondre et non brûler...).
- Pendant ce temps, mettez à cuire les pâtes « coudes rayés ».
- Lorsqu'elles sont cuites, égouttez-les sans les rincer puis ajoutez-les au chou dans la sauteuse et mélangez doucement : il doit y avoir environ 2/3 de pâtes pour 1/3 de chou ; laissez cuire 5 minutes doucement tout en remuant. Vous pouvez saler mais, attention, le chou a déjà dégorgé dans du sel...

Le mélange pâtes et chou peut paraître surprenant mais c'est excellent. Ce plat nourrissant, chaud, régénérant pour l'hiver – et très économique ! – est aussi un bon moyen de faire manger du chou aux enfants. Si vous le servez avec un steak de dinde haché (ou de bœuf si vous préférez) bien doré, ils seront ravis !

Riz au haddock

Plat complet
Hiver

400 g de haddock fumé (ou surgelé) • 500 g de riz basmati • 60 ml de fromage blanc • 1 oignon • 1 citron • 3 œufs durs hachés + 2 jaunes d'œufs • 50 g de beurre • laurier, sauge fraîche, persil, curry, sel, poivre

- Dans une grande casserole, déposez le haddock entier (fumé, salé ou surgelé), un quart du citron, deux feuilles de laurier, une petite branche de sauge fraîche (si vous en avez) et couvrez d'eau ; amenez à ébullition et laissez frémir 8 minutes (attention que le poisson ne s'effrite pas).
- Lorsque le poisson est cuit, égouttez-le, retirez la peau et les arêtes, séparez-le à la main en morceaux et réservez.
- Faites cuire le riz en évitant qu'il colle.
- Dans une grande poêle, faites fondre le beurre et faites revenir l'oignon haché (pas trop finement) avec le curry pendant 5 minutes.
- Ajoutez les œufs durs hachés (ou écrasés à la fourchette), le riz cuit, le persil haché, le poisson ; salez, poivrez et faites revenir doucement en mélangeant avec précaution.
- Dans un bol, mélangez rapidement les deux jaunes

d'œufs avec le fromage blanc et versez dans la poêle ; remuez et servez chaud.

Un bon plat pour l'hiver, que vous pouvez accompagner d'une soupe légère. Vous pouvez remplacer le haddock par un autre type de poisson fumé, mais sachez que le poisson surgelé, dès qu'il a été pêché, conserve la majeure partie de ses qualités nutritionnelles.

Plongez dans la sérénité

(Flavia Mazelin Salvi)

De la même façon que l'on réduit les repas, leur préparation ainsi que leur consommation à une indispensable corvée, prendre soin de soi, dans les gestes quotidiens, est devenu une simple activité hygiénique que l'on exécute comme un automate... Pourtant, il en va de la cuisine comme des soins corporels : ils peuvent, dès lors qu'on leur accorde respect et attention, se transformer en vrais rituels qui réconcilient, pendant quelques minutes au moins, le corps et l'esprit.

Trop souvent prendre un bain se réduit à jeter une poignée de sels parfumés ou du gel dans la baignoire et à se plonger sans façon dans l'eau chaude. On en retire certainement un sentiment de détente physique mais on passe à côté de l'essentiel : réunir corps et esprit dans le même espace-temps.

Dans les monastères zen, le bain est préparé avec la même minutie qu'exigent toutes les autres activités, qu'elles soient manuelles ou spirituelles. La séparation entre profane et sacré est abolie. Ainsi, il n'existe pas d'activités nobles à opposer à des activités triviales. Au

Japon, le bain est un art de vivre à part entière. Il se prend collectivement dans les sources d'eau chaude *(onsen)* ou dans des établissements qui leur sont spécialement dédiés *(sento)*. Au Japon, le bain ne sert pas à se laver, mais à purifier corps et esprit. C'est pourquoi on se douche préalablement afin de ne pas souiller l'eau dans laquelle on va se détendre. Les bains individuels *(furo)* respectent strictement cette règle.

Pour faire du bain un moment vraiment privilégié, il est important de ne négliger aucun détail. Commencez par éloigner de vous votre téléphone portable. Si vous êtes en famille, demandez à vos proches qu'ils ne vous dérangent pas pendant trois quarts d'heure. Soyez ferme ! Choisissez de vous éclairer à la bougie pour reposer vos yeux, faites brûler un bâton d'encens à base d'essences apaisantes (benjoin, santal, ylang-ylang, lavande, cèdre, néroli, rose, myrrhe, vanille), transformez pour quelques poignées de minutes votre salle de bains en temple.

Pour savourer chaque seconde de cette pause sérénité, les Japonais préparent le matériel nécessaire. Dans une petite bassine, ils rassemblent savon, shampoing, serviette-éponge, sous-vêtements pour supprimer les allées et venues superflues et pour mieux se consacrer à ce moment de calme. La douche, rapide, permet de débarrasser le corps de ses impuretés et prépare au lâcher-prise. Le jet de l'eau dénoue les tensions musculaires et nerveuses.

Après vous être douché, remplissez la baignoire d'eau chaude puis, une fois qu'elle est remplie, brassez l'eau de la main afin de mélanger l'eau de surface, plus chaude, avec l'eau du fond, plus fraîche. Pour être apaisant, un bain doit être chaud (entre 37 et 39 °C). Cette température, idéale pour les bains du soir, agit sur les nœuds nerveux et musculaires et favorise l'élimination des toxines.

Entrez dans le bain avec des mouvements calmes et

lents. Imaginez que votre baignoire est un lac sacré que vous allez honorer. Portez votre attention sur vos gestes, veillez à ce qu'ils soient le plus harmonieux possible. Trop souvent nous faisons des efforts esthétiques pour charmer un public. Cultiver la grâce dans la solitude est une façon de saluer le bouddha en nous. Asseyez-vous, le dos droit, les bras le long du corps et respirez amplement, sans forcer. Humez l'encens qui brûle, savourez de tous vos sens cet instant. Ensuite allongez-vous, vous pouvez glisser sous votre nuque une petite serviette-éponge roulée pour rendre la position plus confortable. Fermez les yeux et maintenez une respiration profonde et régulière, laissez vos bras flotter souplement. Pour favoriser la détente corporelle, vous pouvez pratiquer un petit exercice. Alternativement, contractez vos jambes pendant trois secondes et relâchez, procédez ainsi quatre ou cinq fois d'affilée. Contractez ensuite de la même façon vos bras (en serrant les poings au moment de la contraction), puis recouvrez votre immobilité.

Pour parfaire votre détente, veillez à décrisper vos mâchoires et à relâcher les muscles fessiers. Vous êtes maintenant en mesure de pratiquer une méditation aquatique !

Laissez vos pensées filer comme des nuages dans le ciel, ne les chassez pas, ne les retenez pas.

Si des parasites mentaux viennent vous troubler, pratiquez la respiration comptée dans votre tête : un (inspiration), deux (expiration), trois (inspiration), etc. Lorsque vous perdez le fil, revenez au point de départ.

Ne sortez du bain que lorsque vous vous sentez totalement détendu. Relevez-vous lentement, séchez-vous en restant attentif à vos gestes et à vos sensations. Ensuite, asseyez-vous quelques minutes ou allez vous étendre sur votre lit pour prolonger la profonde sensation de paix qui s'est installée en vous.

Essayez de vous accorder régulièrement un « bain sérénité » pour faire du soin de soi une philosophie de vie. Offrez-vous un *furo* !

• **Bain dynamisant pour donner un coup de fouet à un organisme épuisé ou paresseux.**

- 5 gouttes d'huile essentielle de menthe poivrée (*Mentha piperita*)
- 5 gouttes d'huile essentielle de pin sylvestre (*Pinus sylvestris*)
- 1 cuillère à soupe d'huile d'amande douce

Mélangez les huiles essentielles à la cuillère d'huile d'amande douce pour favoriser leur dilution puis ajoutez le mélange dans le bain. Pour optimiser les effets énergisants du bain, veillez à ce que sa température n'excède pas 37 °C.

Pour bénéficier des bienfaits du pin et de la menthe sur votre système respiratoire, inhalez la vapeur qui se dégage du bain.

Durée conseillée : 10 minutes.

• **Bain équilibrant pour chasser les tensions intérieures et favoriser la réunion du corps et de l'esprit.**

- 8 gouttes d'huile essentielle de lavande vraie *(Lavandula officinalis)*
- 120 g de fleurs de lavande séchées

Mélangez l'huile essentielle à une cuillerée d'huile d'amande douce et mixez les fleurs de lavande de manière à obtenir une fine poudre.

Choisissez de préférence une température entre 30 et 35 °C.

Durée conseillée : 20 minutes.

- **Bain apaisant pour combattre l'angoisse et l'anxiété.**

– 5 gouttes d'huile essentielle de bois de rose *(Aniba rosaedora)*
– 5 gouttes d'huile essentielle de camomille noble *(Chamœmelum nobile)*
– 3 gouttes de lavande vraie *(Lavandula officinalis)*
– 1 cuillère d'huile d'amande douce

Commencez par mélanger les huiles essentielles à la cuillerée d'huile d'amande douce pour favoriser sa dilution puis ajoutez le mélange dans l'eau du bain.

Pendant la durée du bain, gardez les yeux fermés et portez toute votre attention sur votre respiration. Elle doit être ample, profonde et régulière. Vous pouvez aussi mettre en fond sonore une musique relaxante.

Choisissez une température entre 35 et 37 °C.

Durée conseillée : 20 minutes.

- **Bain sensuel pour laisser vos sens guider votre esprit en toute volupté...**

– 2 gouttes d'huile essentielle de patchouli *(Pogostemum patchouli)*
– 2 gouttes d'huile essentielle de vanille *(Vanilla planifolia)*
– 2 gouttes d'huile essentielle de rose de Damas *(Rosa damascena)*
– 1 cuillère d'huile d'amande douce

Mélangez les huiles essentielles à la cuillère d'huile d'amande douce pour favoriser sa dilution puis ajoutez le mélange dans l'eau du bain. Allumez une bougie et laissez votre esprit voyager dans l'espace et dans le temps.

Choisissez une température comprise entre 34 et 37 °C.

Durée conseillée : 20 minutes.

禪

Relaxez-vous en musique

(Erik Pigani)

La musique adoucit les mœurs, dit-on. Un vieil adage passé d'âge, sans fondements ni raisons ? Pas du tout. Il est même d'actualité : l'étude des effets de la musique sur le cerveau et sur notre organisme est presque devenue une mode scientifique. Et pour cause : ces effets sont si importants, si extraordinaires que, aujourd'hui, certains chercheurs affirment que toutes les expériences sur le cerveau devraient désormais être réalisées avec de la musique et non avec des médicaments.

L'une des études les plus célèbres a été menée en 1992 au laboratoire du Centre de neurophysiologie de l'apprentissage et de la mémoire de l'université du Wisconsin et a été appelée l'« effet Mozart » : elle a montré qu'en écoutant dix minutes d'une sonate pour piano à quatre mains de Mozart, on augmente, pour un certain temps, notre potentiel de concentration et de raisonnement d'au moins 50 % ! Une autre expérience, non moins étonnante, a été réalisée dans le métro de Newcastle, en Angleterre : juste pour voir ce qui pouvait bien se passer, les responsables de la sécurité ont remplacé, dans les stations, le rock par du baroque. Vandalisme et agressions ont diminué de moitié ! Une note a donc circulé dans tous les services concernés, exigeant que l'on choisisse de la musique d'ambiance calme avec des instruments traditionnels plutôt que les hurlements électriques des groupes en tête des hits... Depuis, les expérimentations se comptent par dizaines. Elles ont permis de découvrir que la musique peut augmenter notre production d'endorphines (que l'on connaît aussi sous le nom de « molécules du bonheur » !), diminuer considérablement le niveau d'hormones du stress, ralentir ou harmoniser les ondes cérébrales, régulariser les battements cardiaques et la pression sanguine, renforcer l'endurance physique, augmenter ou diminuer la température du corps, restaurer les fonctions du langage d'un cerveau endommagé, réduire ou augmenter les tensions musculaires... On a même découvert qu'une heure et demie de musique douce a les mêmes effets que 10 mg de Valium !

Voilà pourquoi tous les enfants de l'État de Floride ont droit, aujourd'hui, à une demi-heure de musique classique par jour obligatoire : c'est la « Beethoven's Babies Bill », une loi qui a non seulement pour objectif d'aider les petits à s'endormir à l'heure de la sieste mais aussi de stimuler, d'une façon harmonieuse, leur développement cérébral... En France, l'action bénéfique de la musique est désormais bien connue et plus de 400 centres hospitaliers utilisent les techniques de la musicothérapie dans certains de leurs services. Ainsi, dans les hôpitaux Armand-Trousseau et Necker, pionniers dans ce domaine, les salles de pré-anesthésie infantile deviennent, avec l'aide de professionnels, de véritables salles de concert. Enfants, parents et personnel soignant peuvent y manipuler les instruments, découvrir les sons, improviser, écouter des cassettes. Après cette mise en condition, un musicien accompagne l'enfant jusque dans la salle d'opération en faisant résonner des sons harmonieux et rassurants dans ces dédales de couloirs, d'ascenseurs, de lieux froids et inconnus. Résultats concluants : la musique aide non seulement les enfants à mieux vivre le traumatisme de leur séjour hospitalier, mais elle joue aussi un rôle positif sur la réussite des anesthésies.

Malgré cela, beaucoup pensent encore que la musique n'est qu'un divertissement, un loisir, quand ce n'est pas un simple produit de consommation ou un bruit de fond pour grands magasins... Pourtant, depuis toujours, on sait que les sons ont un réel pouvoir. Voilà pourquoi cet art mystérieux a exercé une influence prodigieuse sur tous les peuples à travers les âges. Ce que, déjà, Platon avait évoqué dans le troisième livre de sa *République* : *La musique est un moyen plus puissant que tout autre parce que le rythme et l'harmonie ont leur siège dans l'âme. Elle enrichit cette dernière, lui confère la grâce et l'illumine.*

On écoute la musique avec son corps

La première raison de cette influence de la musique sur notre organisme, c'est que, contrairement à ce que l'on pourrait croire, elle n'a rien d'immatériel. Son support, c'est l'air, celui qu'on respire. Que ce soit le tintement apaisant d'une cloche ou le vacarme assourdissant d'un marteau-piqueur, chaque son déplace l'air en exerçant une pression acoustique et c'est elle qui caresse ou frappe nos tympans. L'onde sonore est ensuite transmise aux osselets, puis au nerf auditif qui est directement relié au système nerveux et à chacun des muscles du corps. Voilà pourquoi un gros boum nous fait sursauter tandis qu'une musique douce apaise les tensions musculaires.

Chaque son a aussi ses propres fréquences, ses propres vibrations, parfois inaudibles parce qu'elles sont trop élevées ou trop basses. Pourtant, elles n'ont rien d'immatériel non plus : des chercheurs du Jet Propulsion Laboratory de Pasadena ont remarqué qu'en envoyant des ultrasons très puissants dans une boule de verre remplie d'eau, on voit se former de minuscules bulles qui émettent des éclairs bleuâtres. Ce phénomène de *sonoluminescence* est la preuve que les sons ont une action physique sur la matière. Par conséquent, même si notre oreille ne perçoit pas tous les sons, notre corps, lui, peut en ressentir les effets.

Et n'oubliez pas que notre organisme est un orchestre à lui tout seul : battements du cœur, rythme cérébral, respiration des poumons, vitesse de circulation du sang, pulsations du système nerveux... De la même façon qu'il essaye de s'adapter à la température extérieure, notre corps essaye toujours de s'adapter aux rythmes extérieurs. Si une musique est trop rapide, trop agressive ou que l'environnement est trop bruyant, il ne pourra pas suivre. C'est alors le stress et la tension qui montent. À l'inverse, si la musique entre en correspondance avec nos rythmes intérieurs, l'harmonie s'installe...

Voilà pourquoi certaines musiques (et même certains bruits de notre environnement quotidien) peuvent entrer en résonance avec notre système nerveux et procurer une sensation d'apaisement, de bien-être. *A contrario*, d'autres vibrations provoquent des fausses notes qui malmènent notre système nerveux.

Les couleurs psychologiques de la musique

Notre structure psychique est, elle aussi, influencée par la musique. Depuis des années, certains musicothérapeutes proposent des listes d'œuvres avec leurs effets correspondants : par exemple, les mouvements lents des partitas de Bach créent un environnement stimulant pour les travaux intellectuels ; certaines pièces de jazz classique tonifient l'organisme ; les œuvres pour piano de Mozart améliorent la mémoire... Ils ont aussi tenté d'établir une relation entre les types psychologiques et les formes musicales, mais en vain : les études statistiques révèlent que deux personnes au tempérament identique peuvent avoir des goûts musicaux très différents. D'abord, parce qu'il en va pour la musique comme pour la nourriture : c'est notre milieu familial et culturel qui façonne nos goûts en matière d'environnement sonore. Ensuite, parce que la musique est porteuse de sens : un rythme, un son, une phrase mélodique, une œuvre ou une ambiance musicale peuvent être associés à une expérience ou à une période particulière de notre enfance. Une personne qui a été bercée par les chansons de Brel peut éprouver de grandes émotions en l'écoutant. Un petit enfant qui, un jour, a été effrayé par le bruit des tambours au passage d'une fanfare risque d'éprouver toute sa vie une aversion irraisonnée envers la musique de fanfare...

On peut, toutefois, observer dans les différents styles musicaux – du chant grégorien à la techno – des effets communs à la plupart d'entre nous. Le tableau suivant vous permettra, par exemple, de faire une sélection d'œuvres musicales. Bien sûr, ce sont des généralités. Et n'oubliez pas que les effets peuvent varier, parfois d'une façon considérable, selon les conditions d'écoute, les interprètes, l'environnement, notre posture, notre état psychologique et physique... Par exemple, pour certaines personnes, travailler en musique peut être propice à la concentration, à la créativité ou encore à la détente mentale, tandis que d'autres auront besoin de silence.

- **Chant grégorien** : fondé sur les rythmes naturels de la respiration, il donne une impression d'espace. Excellent pour travailler, se concentrer, méditer, il réduit les effets du stress.
- **Baroque** : les mouvements lents de Bach, de Haendel ou de Corelli donnent une sensation de stabilité, d'ordre, de sécurité et créent un environnement stimulant pour les travaux intellectuels.
- **Classique** : la transparence et la clarté de compositeurs tels que Haydn ou Mozart améliorent la concentration, la mémoire et la perception spatiale.
- **Romantique** : c'est la musique la plus chargée émotionnellement car elle recouvre toute la gamme des sentiments humains, de la plus grande tristesse à l'exaltation mystique.
- **Jazz, blues** : les multiples formes classiques du jazz peuvent, comme la musique romantique, évoquer toutes les émotions humaines mais avec une nette tendance à tonifier l'organisme.
- **Rock** : certaines formes classiques du rock stimulent les passions, tandis que d'autres relâchent les tensions intérieures. C'est la musique dont les effets divergent le plus d'une personne à l'autre.
- **Heavy Metal, punk, grunge...** : toutes ces musiques, généralement écoutées à volume très élevé, affectent directement le système nerveux en sollicitant de manière excessive les tympans et les nerfs auditifs, d'où des réactions physiologiques immédiates telles que l'augmentation des battements cardiaques, de la respiration, de la tension, etc.
- **Techno** : la pulsation et la fréquence de la basse rythmique qui sous-tend toute la techno dite commerciale évoquent les battements cardiaques. Plongé dans une ambiance techno, l'organisme est contraint de s'adapter à ce rythme et ces fréquences spécifiques modifient celles du cerveau ; ce qui provoque, à la longue, un état de transe. Les spécialistes de la médecine énergétique chinoise affirment que cette musique perturbe très gravement le « *ch'i* ancestral », l'énergie qui nous relie à nos vies passées et nos vies futures.

• **Sacrée** : orientales, occidentales traditionnelles ou modernes, toutes les musiques sacrées ont la particularité de distendre le temps et l'espace et de faire passer le cerveau en ondes alpha. C'est pourquoi elles sont propices non seulement à l'éveil spirituel mais aussi à la relaxation et à la réduction des douleurs.

Commencez par des séances guidées

La relaxation est une véritable méthode de développement personnel, avec des techniques spécifiques de respiration, de décontraction musculaire et ainsi de suite. Il existe différentes écoles, avec des approches plus ou moins similaires, mais elles ont toutes un point commun : une séance doit suivre un déroulement en quatre étapes.

1. La décontraction musculaire progressive.
2. La relaxation proprement dite.
3. L'utilisation de l'état de relaxation (exercices de visualisation pour la gestion du stress, pour retrouver le sommeil, etc.).
4. Le retour à l'activité normale.

Si vous n'avez jamais participé à une vraie séance, dirigée par un relaxologue professionnel, vous auriez tout avantage à vous procurer des CD qui comportent à la fois un support musical et la voix d'un thérapeute. Il en existe des dizaines qui sont généralement bien conçus (vous trouverez quelques références p. 119). Un problème cependant : la plupart des disques sont produits par les thérapeutes, les sophrologues ou les relaxologues eux-mêmes, parfois à la demande de leurs propres patients. En soi, c'est un avantage car on peut être sûr de la qualité des textes et du professionnalisme de la séance. En revanche, vous devez vous assurer que la voix de l'accompagnant vous convienne car une voix n'est pas neutre. Si vous connaissez le psy qui vous accompagne, son timbre de voix vous sera familier. Avec un CD, il en va tout autrement : si la voix de l'accompagnant invisible est trop timbrée, trop particulière, elle risque de devenir agaçante. Dans tous les cas, il s'agit de véritables cours de base à domicile, généralement efficaces... et qui peuvent servir à toute la famille !

Concentrez-vous sur vos oreilles

Grâce à la musique, il est possible de développer de véritables qualités zen, comme l'attention, la présence à soi-même, la vigilance, le sentiment du moment présent, et même... l'oreille ! Et cela tout en installant le calme en soi. Tous les musiciens le savent : plus on s'exerce à écouter, mieux on entend. Alors que l'inverse n'est pas valable ! Parce qu'il a travaillé et développé sa capacité d'écoute – et donc son oreille –, un chef d'orchestre est capable d'entendre chaque instrument, chaque note, chaque ligne mélodique, chaque contre-chant dans un orchestre philharmonique de 90 musiciens et plus... Tandis que la plupart d'entre nous n'entendent qu'un magma de sons – harmonieux, certes – sur lequel plane une mélodie.

Un excellent exercice pour trouver le calme et développer son oreille consiste à focaliser son attention et son écoute sur un seul instrument au cœur d'un orchestre. Pour cela, vous devez choisir, dans votre discothèque, parmi vos disques de musique classique, une œuvre que vous aimez mais que vous ne connaissez pas déjà par cœur ! Pour commencer, choisissez le mouvement lent d'une symphonie ou d'un concerto pour piano (évitez les œuvres avec voix ou violon solo : ils risquent d'être trop présents et de couvrir l'orchestre). Choisissez aussi, de préférence, un compositeur classique ou romantique, comme Mozart, Beethoven, Schubert. Évitez de vous aventurer dans une œuvre éminemment complexe comme *Le Sacre du printemps* de Stravinsky...

Imaginons que vous ayez choisi le célébrissime mouvement lent du *Concerto pour piano et orchestre* n° 21 de Mozart.

- Installez-vous confortablement dans votre fauteuil, mais sans vous avachir, face à votre chaîne hi-fi. Vous pouvez aussi utilisez un casque, s'il est de bonne qualité. Pour ce genre d'exercice, il est d'ailleurs préférable d'utiliser un casque (ouvert ou semi-ouvert, mais pas d'oreillettes) que des enceintes médiocres.
- Prenez deux minutes pour faire une respiration profonde et commencer à vous relaxer. Lancez ensuite le CD sur la plage sélectionnée.
- Concentrez votre attention sur un instrument, et un seul. Par exemple, les flûtes. Tout au long de cette pièce musicale, essayez d'écouter ce que les flûtes jouent. Écoutez les mélodies, identifiez les moments où elles jouent ensemble, séparément, où une flûte joue seule.
- Essayez ensuite de savoir avec le plus de précision possible où elles sont placées dans l'orchestre : devant vous ? À droite ? À gauche ? Sur le devant de la scène ? Loin derrière ?
- Lorsque la plage musicale est finie, prenez deux minutes pour respirer et visualiser, les yeux fermés, la place des flûtes dans l'orchestre.
- Écoutez une deuxième fois ce mouvement de concerto en vous concentrant toujours sur les flûtes. Essayez d'entendre des détails que vous n'avez pas pu discerner la première fois. Plus votre attention sera portée sur les flûtes, plus le reste de l'orchestre aura tendance à s'estomper et, résultat d'un processus psychophysiologique, le rythme de votre respiration suivra naturellement celui de la musique.

Le lendemain, ou quelques jours après, recommencez ce même exercice, mais avec un autre instrument, ou un autre groupe d'instruments : le hautbois, le groupe des violoncelles et contrebasses, les premiers violons (les violons qui vont jouer la mélodie la plus aiguë), etc.

La musicothérapie

Les premières traces d'une étude systématique de la relation entre la musique et le corps remontent à cinq mille ans : le *Hong Fan*, un traité chinois, explique le lien entre les notes et les viscères et comment elles « produisent des impressions profondes, changent les usages et transforment les mœurs ». À travers les civilisations, on retrouve ainsi des centaines d'exemples d'utilisation des sons dans un but thérapeutique. Après quelques premières tentatives à la fin du XIXe siècle, il faudra attendre, en Occident, les années 50 pour que la musicothérapie apparaisse de manière formelle. C'est en effet l'orientation scientifique des sciences humaines qui a suscité une nouvelle approche des effets de la musique sur l'être humain. Les premières expériences tentaient de prouver que les œuvres musicales avaient une influence identique sur tous les individus. Mais, très vite, les spécialistes ont opéré une distinction entre la musicothérapie *réceptive* (influence de l'écoute musicale, sa force suggestive voire transformatrice) et la musicothérapie *active* (improvisation sonore, chant, analyse musicale). Puis les organisations, centres et fédérations se sont multipliés en même temps que les méthodes (Orff, Nenenzon, Jost, etc.) et les orientations (psychologique, psychanalytique, systémique, sociologique, rééducative, médicale, transpersonnelle, etc.). Aujourd'hui, les chercheurs ont même dégagé des indications spécifiques dans le cadre de traitements cliniques pour l'autisme infantile, les psychoses, l'Alzheimer, les pathologies psychosomatiques, la dépression... C'est pourquoi on ne peut plus dire qu'il y a UNE musicothérapie, mais plutôt un « art de la musique thérapeutique ». Aujourd'hui, plus d'un millier de musicothérapeutes exercent en France.

DES CD POUR SE DÉTENDRE

Voici une petite sélection d'œuvres qui vous permettra de choisir quelques CD si vous désirez vous relaxer en musique. N'oubliez pas que, outre les goûts personnels de chacun, chaque musique a un impact différent sur chaque personne. Aussi, si vous le pouvez, essayez d'écouter les CD (ou au moins quelques extraits) avant de les acheter. Pour ce qui concerne la musique classique, vous trouverez dans le commerce un certain nombre de « compils » destinées à la relaxation, comme la désormais célèbre collection *Silence* (Origins). Elles comportent des extraits d'œuvres lentes ou des mouvements lents de concertos, sélectionnés par des professionnels.

Relaxation guidée

La Sophrologie anti-stress, William Bonnet, XIII bis Records.
La Sophrologie au quotidien, William Bonnet, XIII bis Records.
La Gestion du stress, un art de vivre, Eric Tognoni, E. T. Productions.
S'endormir par la méta-relaxation, Jean-Jacques Lisoir, Fonda-Mental.
Cool Out Experience, Carole Serrat & Laurent Stopnicki, Virgin/EMI.
5 relaxations vers la confiance et l'estime de soi. Relaxations guidées pour enfants (6-12 ans), Geneviève Manent et Pascale Grossi, Le Souffle d'Or.

Musique vocale

The Essence, Deva Premal, Same Boat Music/Le Souffle d'Or.
Dakshina, Deva Premal, Prabhu Productions/Le Souffle d'Or.
Garden, Pinknruby, Prikosnovénie.
The Book of Secrets, Loreena McKennit, WEA.
I Hear the Water Dreaming, Oophoi & Louisa John Krol, Prikosnovénie.

Un jour d'entre les jours, Catherine Braslavsky, Média7/Al Sur.

Entre ciel et terre, Tim Mac Brian, Koonda Music/Diem.

La Source des Celtes, Tim Mac Brian, Koonda Music/Diem.

Circle Songs, Bobby McFerrin, Sony.

Chartres, The Path of the Soul, Catherine Braslavsky, Ad Fontem/Le Souffle d'Or.

Musique instrumentale

Miroir sonore, Jorge Milchberg, Le Souffle d'Or.

Cocoon attitude, la compil, Origins.

Musiques rituelles pour cloches et gongs, Alain Kremski, Auvidis.

Elven Music (1, 2 & 3), Prikosnovénie.

Pilgrimage, Simon Cloquet & Eric Calvi, Point Music.

Musique méditative pour vivre les 5 éléments, Daniel Perret, Le Souffle d'Or.

Origins (De l'origine de l'homme), Origins/EMI.

Sea Music, Luc Baiwir, Recital Company Production.

Massage nordique, Dominique Verdan, Origins « musique de soins ».

Master of zen : seizan. PlayaSound collection, Kyoto Records/Mélodie distribution.

Master of zen : koto-shakuhachi, PlayaSound collection, Kyoto Records/Mélodie distribution.

Sons de la nature

Nature Atmosphères, Origins.

Détente nature, André Fertier, Ellébore.

Entre ciel et mer, Biosphere/Fondamental.

Et Mozart !

Mozart, *Violin sonatas*, Hilary Hahn et Natalie Zhu, Deutsche Grammophon.

Mozart, *Concertos pour piano* 14, 17, 21, Maria Joao Pires, Deutsche Grammophon.

Mozart, *Music for two pianos, Piano duets*, I. Haebler, L. Hoffmann, J. Demus et P. Badura-Skoda, Philips.
Mozart, *Messe en* ut *mineur*, Philippe Herreweghe/La Chapelle Royale, Harmonia Mundi.

禪

Initiez-vous à l'art de l'encens

(Flavia Mazelin Salvi)

L'encens est l'art de la subtilité. Véritable trait d'union entre le ciel et la terre, matériel et immatériel tout à la fois, il est au cœur des cérémonies spirituelles. Aujourd'hui encore, son parfum épouse le silence et le clair-obscur des dojos où se pratique le *zazen* – la méditation assise – et apporte la paix au cœur et à l'esprit. L'encens japonais, le plus raffiné du monde, est également celui qui dégage les volutes les plus fines, se décline en fragrances délicates et variées qui suivent le rythme des saisons. Dans de fins bâtonnets de couleur se mêlent bois (santal, agar, racine de nard...), résine (oliban, storax, benjoin...), aromates (cannelle, girofle, gingembre...) et fleurs (lotus, muguet, jasmin...). Leurs noms, toujours poétiques, évoquent les bienfaits qu'ils procurent : « Forêt de fleurs », « Neige immaculée ». Autant de promesses de sérénité, toujours en accord avec les éléments naturels.

Dans l'ancien Japon, l'encens parfumait les cheveux et les vêtements des courtisanes et les casques et armures des samouraïs. Lors de la cérémonie du thé, il était d'usage de brûler des bâtons d'encens aux essences de bois de santal et d'agar. De cette tradition est née la cérémonie de l'encens de l'école Oie Ryu, que l'on appelle le *Kodoh* des samouraïs. Son but est d'ouvrir les hommes à leur dimension intérieure, seule voie menant à la perfection. Lors de la cérémonie, le maître faisait circuler de l'encens dans l'assemblée et chacun devait le humer de manière à distinguer les différentes composantes puis le décrire sur un morceau de papier afin de composer une poésie. Parce qu'il relie le monde tangible au monde invisible, l'encens a des vertus réunificatrices sur les hommes. Corps et esprit, habituellement séparés, affectés à des tâches différentes sont, le temps d'une combustion, rassemblés dans le même espace de paix. Ce n'est d'ailleurs pas un hasard si la plupart des traditions spirituelles donnent à l'encens une place centrale dans leurs cérémonies.

Dans la vie quotidienne, lorsque l'on fait brûler un bâton d'encens, c'est que l'on se dispose à aménager, en soi et autour de soi, un espace dédié au calme. Véritable bulle de sérénité, le parfum de l'encens ouvre les portes d'un autre espace temps. Car l'odorat est le seul de nos cinq sens qui soit directement relié au cerveau limbique, siège des émotions. Les molécules de parfum agissent sur notre système neurovégétatif, influant sur nos humeurs mais aussi sur nos hormones qu'elles régulent. Sensation de détente, clarté d'esprit, impression de sécurité intérieure... Les odeurs ont un pouvoir extraordinaire sur nos états d'âme. Lequel d'entre nous n'a jamais fait l'expérience d'une odeur qui, en l'espace d'une seconde, a aboli les frontières de l'espace et du temps ? Tel parfum nous fait revisiter une scène précise et joyeuse de notre enfance ; tel autre nous serre le cœur de tristesse... À chaque odeur répond une émotion enfouie, plus ou moins profondément, dans notre mémoire.

Dans nos vies modernes bousculées par les contraintes et les obligations de toutes sortes, faire halte est devenu plus que nécessaire. Ayant perdu le contact direct avec la nature et le sacré, nous devons, pour garder l'équilibre et revenir à l'essentiel, nous aménager des pauses conscientes.

Le geste, disait Karlfried Graf Dürkheim, *entraîne l'état d'esprit qui lui correspond*[1]. Il n'est pas nécessaire d'attendre d'être recueilli pour s'agenouiller car le fait même de s'agenouiller fait naître en soi l'état de recueillement. Ainsi, nul besoin d'être un pratiquant bouddhiste pour faire brûler un bâton d'encens et savourer ses bienfaits avec ses sens et son esprit. Il suffit, simplement, de prendre l'habitude d'inscrire ce petit rituel dans les habitudes quotidiennes. L'être humain procède par associations inconscientes. Si l'on associe un geste et une odeur à un état émotionnel positif, il nous suffit alors, au bout de quelque temps, d'esquisser le geste, d'humer le parfum pour atteindre cet état émotionnel. Faire brûler un bâton d'encens chez soi, ou sur son lieu de travail, influe directement et rapidement sur notre état d'esprit mais aussi sur la qualité énergétique du lieu.

Une atmosphère pesante, malsaine, agressive ou déprimante peut être assainie, purifiée par la combustion d'essences qui favorisent la paix intérieure. Lorsqu'ils procédaient à leur cérémonie de purification physique et psychique, dans la *sweat-lodge*, les Amérindiens faisaient brûler de la sauge, une plante connue pour ses vertus purifiantes et apaisantes. Ils créaient un nouvel espace sacré, échappant aux corruptions du monde ordinaire. Lorsque dans les églises le prêtre catholique agite l'encen-

---

1. Lire, par exemple, *L'Expérience de la transcendance*, de K. G. Durkheim, Albin Michel, 1994.

soir, il dispense dans l'assemblée de nouvelles énergies purificatrices, il sanctifie le lieu.

Un proverbe indien dit : *L'homme qui pardonne à son ennemi en lui faisant du bien ressemble à l'encens qui embaume le feu qui le consume.* Merveilleux pouvoir transformateur de ces petites baguettes magiques qui ont le don de changer l'espace le plus ordinaire en sanctuaire...

Choisir le bon encens

Pour bénéficier des vertus de l'encens, il est indispensable de le choisir de la meilleure qualité possible. Ne méritent pas le nom d'encens ces bâtonnets et cônes aux couleurs criardes qui exhalent des parfums grossiers, véritables caricatures des essences naturelles. Ces baguettes de bambou qui contiennent solvants et parfums chimiques sont même, on le sait maintenant, dangereux pour la santé. C'est pourquoi, choisissez des encens qui portent la mention « 100 % naturel » sur leur emballage.

Les encens japonais sont certainement les plus subtils. Ils dégagent peu de fumée et sont fabriqués à partir d'une poudre de bois *(tabu)* à laquelle sont agglomérés des résines, des extraits de bois ou de fleurs séchées pulvérisés. Traditionnellement, au Japon, on choisit l'encens en fonction de la saison. Les fragrances épicées (santal, girofle, cannelle...) sont automnales et estivales ; les dominantes fruitées et fleuries (cerisier, lys, muguet...) choisies au printemps ; tandis que les rigueurs de l'hiver se laissent attendrir par la chaleur sensuelle du patchouli et de la racine de nard.

Conservez les bâtons d'encens dans les petites boîtes en carton dans lesquelles ils sont vendus pour éviter qu'ils ne perdent leur arôme. On peut aussi les ranger dans des coffrets de bois qui s'imprégneront de leur parfum. Pour conserver toute sa beauté au geste, il est évidemment impensable d'allumer un bâton d'encens avec un briquet. Choisir un brûle-encens de bonne qualité contribue également à faire de la « pause encens » une vraie cérémonie esthétique.

À chaque parfum sa vertu

Il existe des « nez » pour l'encens comme il en existe pour les parfums ou pour le vin. Ces spécialistes reconnaissent sans qu'il soit nécessaire de le brûler les différentes composantes d'un bâton d'encens.

Sans viser cette excellence, vous pouvez vous aussi vous laisser guider par vos sens. Plaisir des yeux, plaisir de l'odorat, suivez vos préférences, prêtez l'oreille à ce que telle ou telle senteur vous suggère ou vous rappelle. Idéalement, vous devriez posséder deux sortes d'encens : un encens dynamisant (pour commencer une journée du bon pied !) et un encens apaisant pour chasser les tensions intérieures et pour préparer en douceur au sommeil.

Les senteurs qui apaisent :

Benjoin, santal, ylang-ylang, lavande, cèdre, néroli, myrrhe, rose, vanille

Les senteurs qui dynamisent :
Citron, cannelle, gingembre, vétiver, menthe, pin sylvestre, eucalyptus

Les senteurs qui favorisent le sommeil :
Lavande, mandarine, verveine, tilleul, rose

Les senteurs qui aiguisent la concentration :
Menthe, pin, girofle, bergamote

禪

Offrez-vous une pause thé
(Flavia Mazelin Salvi)

Parce qu'il est à la fois médecine et art de vivre, le thé mérite mieux que le traitement que nous lui infligeons d'ordinaire : de vilains sachets d'une qualité douteuse trempés à la va-vite dans une tasse ou un mug quelconques... Ce breuvage mérite-t-il encore le nom de thé ? Pour Soshitsu Sen, l'un des grands maîtres de thé, lorsqu'on ne considère pas la vie quotidienne comme la discipline même du zen, *préparer un bol de thé devient une simple formalité, une suite de gestes dénués de sens.* Calmer son esprit, porter toute son attention sur ses gestes, être pleinement conscient du moment présent est une façon de célébrer la Vie. Que ce soit au dojo, au bureau ou au fourneau !

Au Japon, c'est sous l'impulsion du moine Yeisai qu'est née et s'est développée la cérémonie du thé qui continue aujourd'hui d'être célébrée dans les maisons de thé.

La « Voie du Thé » (*chado*) est l'une des expressions privilégiées du zen, au même titre que la calligraphie ou le tir à l'arc. Véritable ode à la beauté et à l'harmonie, elle développe l'esprit de recueillement, d'humilité et de sérénité. *Le thé n'est rien d'autre que ceci : faire chauffer de l'eau, préparer le thé et le boire convenablement.* Telle était la définition de Sen Rikyu, maître de thé du XVIe siècle. Car le *chado* ne vise pas autre chose que la simplicité, c'est-à-dire l'abandon du superflu, des fioritures, du décorum pour atteindre l'essence même de la vie.

À Ikkyû, son élève, qui lui demandait : « Maître, quel est l'élément essentiel dans l'acte de boire le thé ? », Juko répondit : « Mon fils, c'est le calme de l'esprit de celui qui boit le thé [1]. »

Mais la simplicité des mots et la simplicité des gestes qui décrivent et célèbrent la cérémonie du thé sont trompeuses. Car ce rituel très codifié, dont la durée varie entre une heure et quatre heures (il y a plus d'une centaine de façons de faire le thé !), exige des années d'apprentissage.

La voie du thé est un culte fondé sur l'adoration du beau jusque dans les occupations les plus triviales de la vie quotidienne. Elle enseigne la pureté et l'harmonie, le mystère de la compassion réciproque et la dimension romantique inhérente à l'ordre social. Elle est, par essence, un culte de l'Imparfait en ce sens qu'elle vise – avec quelle délicatesse ! – au possible dans une vie vouée, comme nous le savons, à l'impossible, écrit Okakura dans son célèbre *Livre du thé*[2]. Fille du Tao, la voie du thé est aussi celle du zen : *Au fond, l'idéal du thé est l'aboutissement même de cette conception du zen : la grandeur réside dans les menus faits de la vie. Le taoïsme a fourni les fondements d'un idéal esthétique, le zen les a mis en pratique.*

1. In *La Voie des quatre vertus*, voir bibliographie.
2. Voir bibliographie.

De même que le cuisinier zen s'efforce de cultiver trois qualités majeures : l'esprit joyeux, l'esprit aimant et l'esprit d'ouverture, celui qui s'engage sur la voie du thé s'engage à pratiquer ces quatre vertus : harmonie, respect, pureté et sérénité. L'harmonie est favorisée par le soin particulier apporté à la préparation de la cérémonie et du lieu qui l'accueille (décoration florale, calligraphie, choix de la vaisselle et des ustensiles). Le respect est, dans l'esprit du *chado*, une vertu proche de l'humilité. L'ego doit se faire tout petit. Salutations, postures sur le tatami, déférence à l'égard des autres participants, manipulation précautionneuse de la vaisselle et des instruments. La pureté exige que l'on nettoie son esprit comme les objets que l'on utilise. En fermant la porte aux ruminations mentales, aux parasites émotionnels, ainsi qu'à tout ce qui en soi compare, juge et discrimine. Enfin, la sérénité, qui est à la fois un but et une condition de la cérémonie du thé, est une notion subtile qui évoque à la fois un esprit vide, clair et confiant. Un esprit qui a, pourrait-on dire, lâché prise en toute quiétude. Cette quatrième qualité est l'aboutissement de la pratique des trois autres, c'est elle qui véritablement ouvre l'esprit et le cœur.

Nous n'évoquerons pas ici les détails du rituel. En revanche, on peut adopter l'esprit de la cérémonie pour transformer au quotidien des gestes automatiques en véritable petite cérémonie de sérénité.

Le thé beauté

Choisir de beaux objets apporte un plaisir subtil et modifie notre rapport à l'environnement. Il est évident qu'on ne manipule pas de la même façon un bol artisanal japonais en céramique qu'un mug acheté dans une solderie. Le choix d'une belle vaisselle, la façon dont on la dispose sur une table ont une influence directe sur notre état d'esprit. Les gestes se font soigneux, plus lents, l'attention s'aiguise, décuplant à l'avance le plaisir de la dégustation. Dans les salles de thé sont toujours disposés selon le type de cérémonie et en accord avec la saison un arrangement floral particulier ainsi qu'une calligraphie, afin que les cinq sens puissent goûter la beauté du moment et du lieu. Décidez d'investir dans une théière en fonte ou en porcelaine, dans de la vaisselle de qualité que vous avez plaisir à toucher et à regarder.

Le thé sérénité

Pour faire de la pause thé un vrai moment de calme, changez vos habitudes ! Finis les coins de table encombrés, les conversations téléphoniques, les listes de courses, les va-et-vient. Éteignez la radio, la télévision ; fermez votre livre ou votre magazine. Concentrez-vous sur la préparation du thé puis sur sa dégustation. En silence. N'oubliez pas qu'il s'agit de faire de ce moment une vraie célébration du bon et du beau pour apaiser les turbulences de votre esprit. Ralentissez vos gestes, détendez-vous et buvez votre thé à petites gorgées en le respirant. Savourez sa chaleur, son parfum et son goût en faisant le vide dans votre esprit. Soignez vos gestes, même si vous êtes seul.

Le bon thé

Le thé vert en infusion *(ocha)* est la boisson nationale japonaise. Le thé vert en poudre que l'on fouette *(macha)* est réservé à la cérémonie traditionnelle du thé. Il existe au Japon plusieurs types de thé vert. Le Sencha est le plus populaire ; il se boit tout au long de la journée. Il est cueilli en mai ou en juin et sa saveur est douce et légèrement amère. Le Gyokuro, cueilli plus tard, a un goût plus fort mais il est moins amer. Les Japonais sont également friands de thés spéciaux comme le Genmai-cha au riz grillé, le Hoji-cha qui est un thé grillé ou encore le Soba-cha, thé au sarrasin. Au Japon, le thé se consomme nature, sans lait, ni sucre, ni citron. Pour obtenir le goût délicat du thé japonais, il est préférable d'utiliser de l'eau de source faiblement minéralisée.

Le thé santé

Moins excitant que le thé noir, le thé vert est une vraie médecine. Ses vertus sont multiples : il éclaircit l'esprit et le dynamise, offrant aux fumeurs une solution alternative intéressante. Il a également des propriétés « brûle-graisses » et fait la chasse aux radicaux libres, responsables du vieillissement prématuré et du cancer car il contient des antioxydants puissants, les polyphénols. Certaines études avancent que le thé pourrait également jouer un rôle important dans la prévention des maladies cardiovasculaires et des caries dentaires.

Un jeune moine, qui venait d'arriver dans le monastère chinois chan de l'école Lin-tsi, s'adressa au grand maître Tchao-tchou :

– Je suis nouveau dans ce monastère. Pourriez-vous me donner un enseignement ?

– As-tu mangé ta soupe de riz ? demanda Tchao-tchou.

– Oui, je l'ai mangée, répondit le moine.

– Alors, va laver ton bol !

Kôan zen

Écoutez votre jardin intérieur

(Erik Pigani)

Quel que soit l'espace libre dont vous disposez,
Vous pouvez le transformer en jardin.
Une simple jardinière peut contenir tout un univers.

Avez-vous déjà remarqué que les jardiniers, lorsqu'ils jardinent, semblent bien être parmi les gens les plus sereins sur terre… Pourquoi ? Parce qu'ils ne jardinent pas pour eux-mêmes mais pour le jardin. Voilà l'une des clés de la philosophie zen : l'oubli de soi, l'effacement de l'ego à travers les gestes simples de la vie quotidienne. Le jardinage, qui, par définition, est une relation directe entre l'homme et la nature, permet non seulement au calme intérieur de s'installer mais surtout d'entrer en contact avec le flux de la vie, de vivre en harmonie avec les forces de la nature. C'est pourquoi l'aventure de la création et de l'entretien d'un jardin, que l'on soit zen ou pas, porte en elle-même une dimension spirituelle. *La vie débute le jour où l'on commence un jardin*, dit un proverbe chinois…

L'art du jardin zen est apparu au Japon entre le XIIe et

le XIVe siècle. Auparavant et environ depuis le VIe siècle, les jardins japonais étaient conçus selon les règles taoïstes chinoises du *feng shui*, cette science traditionnelle, fondée sur les grands principes cosmiques et les lois de la nature, dédiée à l'aménagement des espaces, des maisons et des jardins. Au XIIe siècle, Yoshitsune Gokyôhoko a synthétisé cette science dans le *Sakuteiki*, son *Traité des secrets sur la construction des jardins*, tandis que le prêtre shintoïste Zœn écrivait l'*Emposho*, son *Livre des jardins*, dans lequel il mettait l'accent sur l'harmonie de l'agencement du paysage plutôt que sur la variété des plantes et les formes géométriques, sur la tranquillité et la simplicité plutôt que sur la décoration. Un principe zen qui a perduré jusqu'à nos jours.

Au XIIIe siècle, tout en continuant d'appliquer les principes du *feng shui*, les moines ont commencé à créer des jardins conçus pour pratiquer la méditation active. C'est enfin le plus célèbre jardinier de l'histoire du zen, le moine Muso Kokushi (1275-1351), qui a définitivement insufflé les principes du zen dans l'art du jardinage en créant les fameux jardins du monastère Saiho-ji et au Tenryu-ji, encore visibles aujourd'hui à Kyoto. Au cours des siècles, la tradition du *feng shui* a été abandonnée, les formes se sont épurées, stylisées, pour arriver à ces jardins minéraliers minimalistes et abstraits, faits de sable et de pierres, dont la simple image évoque l'archétype même de la pensée zen.

Aujourd'hui, à une époque où le jardinage reprend une place de plus en plus importante, l'ancienne tradition, fusion du zen et du taoïsme, a repris de la vigueur, notamment chez les particuliers.

Bien sûr, tout le monde ne possède pas de jardin. Cependant, tout le monde peut aménager un coin jardin dans son appartement. Quelques pots dans le salon, une jardinière dans une cuisine, des plantes dans la salle de bains ont la propriété d'apporter un souffle de vie supplémentaire dans n'importe quel lieu, aussi petit soit-il. Le but de ce chapitre est de vous donner quelques conseils et quelques pistes pour vous permettre d'intégrer un peu plus d'esprit zen dans votre environnement. Et, pourquoi pas, vous montrer qu'un espace minuscule peut aussi vous relier aux plus hautes dimensions de votre esprit.

Le jardin de méditation

Impossible, aujourd'hui, de n'avoir jamais vu, en photo ou dans un documentaire, ces fameux jardins zen minéraliers, composés de sable ratissé, de grosses pierres qui semblent avoir été déposées au hasard. Ces jardins de méditation sont l'expression de *sunyata*, la vacuité – l'état du vide. Lorsque le sable est ratissé en forme de vagues, le jardin représente aussi la *forme*, car un jardin minéral est la représentation visuelle du *kôan* zen : *La forme est vacuité, la vacuité est la forme*. Travailler dans un tel jardin est en soi une méditation active : ratisser le sable, soigner les plantes, balayer les feuilles, tailler les arbres, entretenir les chemins permet de tranquilliser le mental, d'être présent à soi-même, d'éprouver le « ici et maintenant » et donc de s'ouvrir à ses propres dimensions spirituelles.

Depuis quelques années, dans certains magasins, on trouve des kits de jardins zen miniatures. Plutôt complets, ils permettent d'accéder, dans un espace extrêmement réduit, à l'état d'esprit d'un moine jardinier zen. Toutes proportions gardées, bien sûr. Si vous ne trouvez pas facilement ce genre de kit, vous pouvez construire vous-même votre propre jardin de méditation.

Pour ce mini-jardin, vous aurez besoin de :

- 1 caisse en bois (30 × 20, ou 50 × 30) peu profonde.
- 1 petit sac de sable blanc.
- 3 pierres (1 grande, 1 moyenne, 1 petite) que vous aurez pu trouver au cours d'une promenade et dont la taille sera proportionnelle à celle de la caisse en bois.
- 1 petit râteau en bois à 4 ou 5 dents.

C'est tout !

Pour ce qui concerne son utilisation, il serait mieux de dire : « conception ». Vous n'allez pas vous servir de ce petit bac à sable pour trouver le calme, mais créer de toutes pièces un lieu d'harmonie. Vous devez auparavant connaître la symbolique des quelques éléments qui le composent. En général, lorsque vous voyez un jardin zen minéralier, il représente un océan parsemé d'îles : c'est l'« infinité du monde ».

- Le sable blanc représente l'océan, la mer, un lac, un ruisseau. Il renforce l'énergie yin.
- Les pierres représentent des îles qui symbolisent l'immortalité. Elles renforcent l'énergie yang.

Votre petit jardin zen sera donc, en lui-même, la représentation de l'équilibre yin-yang.

- La pierre la plus haute peut aussi représenter la montagne, symbole de l'élévation spirituelle.
- Si vous le voulez, les trois pierres peuvent aussi représenter le ciel, la terre et l'humanité.
- Si votre mini-jardin est assez grand, vous pouvez y placer 5 ou 7 pierres qui seront autant d'îles sur l'océan.
- À vous de trouver les emplacements de chaque pierre : dans un véritable jardin zen, le choix et la disposition des roches demandent un véritable savoir-faire. Il n'y a donc pas de modèle prédéfini qui permette de recopier à l'identique un jardin zen.

Il ne vous reste plus qu'à passer à l'action. Lorsque vous avez réuni tous les éléments, pratiquez les techniques de relaxation, détente et méditation que vous avez découvertes dans ce guide et lancez-vous. Ne recherchez pas un beau résultat : tout est une question d'état d'esprit. C'est ce que le zen appelle la conscience *hishiryo* : une conscience ouverte, large, dans laquelle notre vie et notre esprit prennent leur véritable dimension, sans séparation entre le corps et l'esprit, sans séparation entre nous-mêmes et la nature. Un état de fusion avec soi-même et l'univers que ceux qui jardinent éprouvent, par expérience, d'une façon, somme toute, très naturelle...

Le jardin dans la maison

Insuffler un peu d'esprit zen dans sa maison signifie que, même si un jardin intérieur est une création purement humaine, on ne s'oppose pas à la nature : on y intègre harmonieusement sa part d'humanité. C'est alors qu'une simple plante en pot pourra être, pour vous, un espace intermédiaire entre le matériel et l'immatériel, le profane et le sacré, le visible et l'invisible, votre vie extérieure et votre vie intérieure...

Certaines personnes ont « la main verte ». En fait, elles entrent spontanément dans un état méditatif qui leur permet d'entrer, même inconsciemment, en communion avec les plantes – voire de leur parler – pour répondre à leurs besoins, être en correspondance avec les cycles des saisons et des journées. Ce qui leur permet d'établir une harmonie en elles et autour d'elles. Voilà une véritable démarche spirituelle, hors de tout dogme religieux, expression de l'esprit du zen qui, justement, n'impose ni dogme ni autre obligation que d'être soi-même.

Prendre conscience de la vie qui anime chaque plante, ce n'est pas simplement respecter la nature, c'est en ressentir l'énergie. C'est cette énergie qui donne une saveur et un goût incomparables aux légumes que l'on a soi-même fait pousser, même s'il ne s'agit que d'un pot d'herbes aromatiques sur le rebord d'une fenêtre. Être en harmonie avec la nature suppose d'être à l'écoute, sans jugements, sans recherche de domination, et de pratiquer l'humilité. S'occuper de ses plantes est, en effet, une extraordinaire école de patience qui demande de faire et de refaire sans cesse, de réussir mais aussi d'accepter d'échouer, de reconnaître que la nature a ses propres droits, ses propres exigences.

Voilà l'état d'esprit qui doit vous animer lorsque vous vous occupez de vos plantes et plantations. Il est très éloigné de celui qui consiste à penser que les plantes d'intérieur ne sont que de simples objets décoratifs qu'il suffit de placer sur un meuble et d'arroser de temps en temps... Les plantes sont des êtres vivants ; elles demandent une attention et un soin particuliers. Un sujet extrêmement vaste que vous pourrez retrouver largement développé dans les guides spécialisés[1]. Voici toutefois quelques conseils de base pour adopter une attitude attentive à votre jardin intérieur :

- Respectez le besoin de luminosité des plantes. Certaines ont besoin d'une lumière vive (ficus, palmiers...) et pourront être placées devant ou près d'une fenêtre. D'autres préfèrent une lumière plus douce (impatiens, philodendrons...) et devront être éloignées des fenêtres.
- Veillez à ce que les plantes ne soient pas placées dans une pièce qui subit des écarts de température trop importants. Évitez les lieux de passage des courants d'air.
- Évitez les pièces climatisées, généralement trop fraîches

1. Par exemple l'excellent *Traité Rustica des plantes d'intérieur* (Éditions Rustica, 2004).

et trop sèches pour la plupart des plantes d'intérieur. Ne placez surtout jamais une plante à côté de la bouche d'aération d'un climatiseur.

- Respectez le besoin en eau de chaque plante (aujourd'hui, une carte d'identité est généralement jointe aux plantes que vous achetez) et surveillez l'hygrométrie de chaque pièce.
- Respectez le besoin en terre et en engrais de chaque plante (la terre dans un pot a une qualité nutritive limitée) et n'utilisez pas d'engrais ou de fertilisants chimiques.
- Évitez toujours l'envie inconsciente du « trop » : trop d'eau, trop d'engrais, trop de lumière, trop de chaleur... Avec les plantes aussi, n'oubliez pas la règle zen du « juste assez ».
- Comme chaque plante a son climat, ne placez pas côte à côte des plantes dont les besoins sont très différents. Regroupez-les par familles.
- Les plantes dites exotiques ont besoin de soleil, mais pas d'être brûlées. Elles aussi peuvent craindre les chaleurs excessives !
- N'arrosez jamais des plantes en plein soleil. Dans les pièces plutôt sèches, vous pouvez pulvériser de l'eau pure au petit matin.
- Pour les plantes, la qualité des pots est aussi importante que la qualité de leur environnement :
  - Choisissez des pots dont la taille est proportionnelle à celle des plantes.
  - L'ouverture du pot doit toujours être supérieure ou égale à la base.
  - Au fond des pots, placez toujours des billes en terre ou des cailloux pour faciliter le drainage (surtout avec des pots ou des jardinières en résine de synthèse).

• Attention aux cache-pots qui peuvent être inondés et devenir de véritables marécages sans que l'on s'en aperçoive...
• Attention aux acariens des parquets et des moquettes : ils peuvent s'attaquer à vos plantes et provoquer des maladies. Utilisez des traitements préventifs (pulvérisation d'huile essentielle de lavande).
• Certaines plantes, comme les arbustes d'intérieur (ficus, caoutchouc...), demandent d'être taillées. Ne taillez pas au hasard avec des vieux ciseaux rouillés que vous recyclez pour l'occasion. Respectez vos plantes et procurez-vous un sécateur de qualité.
• En jardinières, cultivez des plantes odorantes comme la citronnelle, la lavande, le chèvrefeuille et faites des pots-pourris qui remplaceront agréablement les désodorisants chimiques.
• S'il vous vient l'envie d'acheter un bonzaï, sachez que ces arbres nains ne sont pas de simples gadgets décoratifs : ils demandent un entretien individualisé, minutieux et précis dont vous trouverez l'essentiel dans les ouvrages spécialisés.

Le *feng shui* des jardins

Le ch'i *est à la fois présent, passé et avenir.*
Il est dans un seul endroit et partout à la fois.
Il est en vous comme il est ailleurs.
Il est vous et il est autre.
Prenez le temps d'écouter votre respiration,
Et vous entendrez le souffle de l'Univers.

Les Chinois ont mis au point le *feng shui* des jardins qui a largement été utilisé pour la création des premiers jardins zen. Le sujet est éminemment vaste, complexe. D'autant plus qu'il existe plusieurs écoles différentes pour cette seule discipline. Il ne peut donc pas être traité en quelques pages. Vous trouverez néanmoins quelques conseils de base qui vous permettront d'apprendre, à travers les simples gestes de la vie quotidienne, à ressentir, derrière l'apparence de la matière, une force vivante, issue du fond des temps et du cœur de l'Univers, qui habite à la fois partout et en chacun de nous. Et peut-être même, au-delà d'une meilleure qualité de vie et de santé, de vous sentir relié.

Voici donc quelques conseils *feng shui* pour les plantes et mini-jardins intérieurs :

• Tous les produits chimiques – engrais, fertilisants, pesticides, désherbants, insecticides – appauvrissent et dénaturent le *ch'i*. Utilisez des produits bio.

• Coupez systématiquement les fleurs et feuilles fanées. Jetez les plantes malades.

• Les plantes qui favorisent le *ch'i* positif n'ont pas d'épines ; elles ont des feuilles rondes, un feuillage abondant et sont parfaitement saines.

• Certaines plantes produisent naturellement un *ch'i* négatif :
  - Certaines plantes à feuilles en forme de lance, comme l'aréca, le kentia, le pendanus, le yucca, les palmiers.
  - Les plantes à épines, comme les rosiers, les bougainvilliers.
  - Les cactées avec de grosses épines.
  - Les plantes qui pendent comme les vignes d'appartement, le beaucarnéa, les capillaires, les misères trop envahissantes.

Associez-les toujours avec des plantes au *ch'i* puissant qui rétabliront l'équilibre.

• Pour équilibrer les forces yin et yang, alternez les

plantes fleuries, qui ont plus d'énergie yang, avec des plantes à feuillages, qui ont plus d'énergie yin.

- Parmi vos fleurs, pour équilibrer les énergies yin et yang :
  - Le blanc, les couleurs vives, comme le rouge et l'orange sont yang.
  - Les couleurs pastel, le vert, le bleu et le noir sont yin (voir p. 45).
- Les herbes aromatiques, surtout lorsqu'elles sont naturellement très odoriférantes, accroissent le *ch'i*, qu'elles soient dans un carré du jardin, en jardinière sur un balcon. Ou, bien sûr, utilisées en cuisine...
- Sur un balcon ou un petit espace, regroupez les pots pour que le *ch'i* circule plus librement entre eux, mais ne les serrez pas trop.
- L'eau en mouvement symbolise l'abondance et la richesse. Elle augmente le *ch'i* et produit des ions négatifs qui sont bons pour la santé. Une simple petite fontaine dans un coin du jardin suffit.
- Les cannes chinoises sont censées apporter harmonie, chance et prospérité. Ce sont ces bâtons jaune-vert, surmontés par des rosettes de feuilles, qui sont devenus à la mode ces dernières années. On les appelle communément des bambous, mais ce sont des *Dracaena sanderiana*, qui ne sont pas de la même famille que les bambous d'appartement (*Pogonatherum paniceum*) ! Lorsque vous renouvelez leur eau, ajoutez toujours de l'eau pure, à température de la pièce, pour éviter les chocs thermiques. Ajoutez aussi un peu d'engrais liquide riche en azote. Elles craignent enfin les températures trop fraîches et le manque de lumière.

Méditez sans modération
(Flavia Mazelin Salvi)

La méditation attire autant qu'elle intimide. On la sait source d'innombrables bienfaits mais on l'imagine toutefois réservée à une élite spirituelle maîtrisant parfaitement toutes les techniques qui conduisent à la paix du corps et de l'esprit. On se trompe : méditer est à la portée de chacun. Pour goûter pleinement la saveur du calme de l'esprit et de la détente du corps, nulle qualité exceptionnelle n'est exigée. Si ce n'est la persévérance, vertu cardinale du zen.

Il existe une variété quasi infinie de techniques méditatives fondées sur la posture, le souffle ou la récitation de mantras mais le zen, qui privilégie toujours l'essentiel, ne connaît qu'une seule forme de méditation : *zazen*. Cette posture assise, celle-là même qui conduisit Siddharta Gautama à l'éveil suprême, est le cœur de la spiritualité zen. Son pilier et son essence.

Qui a vu une photo de Taisen Deshimaru faisant *zazen* a vu l'incarnation du zen. *La pratique de* zazen *est le secret du zen*, écrit-il dans l'un de ses ouvrages les plus connus, *La Pratique du zen*[1]. Un secret qui se révèle heure

---

1. Voir bibliographie.

après heure dans le silence recueilli des dojos et qui nourrit la vie quotidienne de force et de sérénité.

Il est bien sûr difficile, si ce n'est impossible, de s'initier à *zazen* ailleurs que dans un dojo et sous la direction d'un maître car cette pratique est indissociable du lieu et des hommes qui l'enseignent mais on peut, toutefois, prendre chaque jour un peu de temps pour faire le vide et le calme en soi. Ce calme intérieur auquel nous aspirons tant dans nos vies chahutées et bruyantes est à la fois le moyen et le but de la méditation zen. C'est, nous l'avons déjà vu, la conscience *hishiryo*. Au-delà de notre pensée ordinaire, de notre brouhaha mental et émotionnel, se trouve un lieu vierge de toute pollution, un vide qui contient tout. Nous avons perdu le contact avec ce lieu ainsi que le chemin qui y mène. Le zen nous invite à nous mettre simplement en route pour le retrouver. En consacrant une demi-heure quotidienne à la méditation, nous pouvons nous soustraire des turbulences intérieures et extérieures pour faire l'expérience, physique et mentale, de la paix.

Si vous pratiquez chaque jour, chaque jour en soi est un progrès, affirme Deshimaru dans *Questions à un maître zen*[1]. Car il vaut mieux une demi-heure quotidienne, même si les débuts sont difficiles, plutôt qu'une longue séance hebdomadaire. Notre mental est comme un cheval sauvage qu'il faut apprivoiser pas à pas. L'immobilité contrainte le fait fuir et nombreux sont ses subterfuges pour y échapper. Certains mettent en avant des excuses toutes faites, « Je n'ai pas le temps pour cela », « Méditer, ce n'est pas dans mon tempérament... » et ils continuent de se plaindre d'être débordés, fatigués et sur les nerfs. D'autres encore abandonnent rapidement, déçus après quelques séances éprouvantes de n'avoir trouvé ni

1. Voir bibliographie.

illumination mystique ni sérénité intérieure. Pour apprécier les bienfaits de la méditation zen, la première chose à faire est de laisser tomber ses attentes et ses craintes. Ne rien attendre, ne rien espérer. Dans le zen, on nomme cet état d'esprit *Mushotoku*, ce qui signifie sans but ni esprit de profit. Ce point est fondamental. Tant que l'on guette des résultats, que l'on nourrit des attentes, on se projette dans le futur. Le corps se crispe et l'usine du mental tourne à plein régime. Adieu « ici et maintenant », adieu paix du corps et de l'esprit... Pour vivre pleinement le moment de méditation, et cela peut paraître paradoxal, il est essentiel de ne rien en attendre.

Méditer, disent les maîtres zen, c'est *shikantaza*, « simplement s'asseoir ».

• **La bonne fréquence.** La méditation est un rendez-vous que l'on doit prendre chaque jour avec soi-même. Et ce rendez-vous ne souffre aucune excuse ! Quinze minutes le matin, quinze minutes le soir. La méditation du matin ouvre les centres d'énergie et éclaircit l'esprit, celle du soir est l'équivalent d'une douche intérieure qui nous débarrasserait des toxines accumulées et consommées tout au long de la journée.

• **Le bon lieu.** Il est préférable de pratiquer la méditation dans un coin de la maison dédié à cette pratique. Salon ou chambre, à vous de choisir le lieu le plus calme et le plus confortable pour vous. Une méditation régulière remplit la pièce d'une énergie particulière et cette énergie s'accumule. Nous pouvons en faire l'expérience dans tous les lieux sacrés, littéralement chargés d'énergie spirituelle. Pour donner valeur de rite à votre séance de méditation, vous pouvez, au début de chaque séance, faire brûler une bougie ou un bâton d'encens.

• **Les bons vêtements.** De la même façon que vous consacrez un lieu particulier à la méditation, et pour les mêmes raisons, choisissez des vêtements qui ne servent qu'à cet usage. Ils doivent être de préférence amples, confortables et en fibres naturelles (laine, soie, coton). Les couleurs sombres favorisent l'intériorité.

• **La bonne posture** *Zazen* se pratique sur un petit coussin rond et dur, le *zafu*. Assis au centre de ce coussin, les jambes sont croisées en lotus ou en demi-lotus (si l'on n'est pas assez souple, on peut également le chevaucher de manière à ce que les genoux poussent la terre). La colonne vertébrale est bien dépliée, légèrement cambrée (le bassin est basculé vers l'avant, *au niveau de la cinquième lombaire*, précise Taisen Deshimaru), le cou est tendu, le menton rentré vers l'intérieur, la tête pousse le ciel. Une fois que l'on est bien installé dans cette position, on ferme les deux poings autour du pouce et on les pose sur les cuisses, puis, le dos bien tendu, on se balance de gauche à droite, sept ou huit fois, en ralentissant progressivement le mouvement jusqu'à trouver le bon équilibre vertical.

Ensuite, lorsque l'on pratique en dojo, c'est le moment de saluer *(gassho)* en joignant les deux paumes des mains devant soi, les bras repliés, restant horizontaux.

Une fois la salutation effectuée (et il est important de l'effectuer seul chez soi, cela favorise un état d'esprit recueilli), on pose, paumes vers le ciel, la main gauche dans la main droite, contre l'abdomen, les pouces se touchent à leur extrémité, formant une ligne parfaitement horizontale. Les yeux sont mi-clos, le regard se pose sur un point à environ un mètre devant soi.

• **La bonne respiration.** Ample, profonde, régulière et nasale, la respiration joue un rôle fondamental dans la méditation. L'accent est mis sur l'expiration qui doit être la plus longue possible (mais sans forcer !). Se concentrer sur le mouvement cyclique de l'*inspir* et de l'*expir* aide à s'ancrer dans le moment présent et fait un barrage naturel aux ruminations du mental. On conseille d'ailleurs souvent aux méditants débutants de compter leurs *inspirs* et leurs *expirs*. Une bonne respiration régule l'activité cardiaque, masse les organes internes et dénoue les tensions musculaires. *La respiration juste ne peut surgir que d'une posture correcte. De même, l'attitude de l'esprit découle naturellement d'une profonde concentration sur la posture physique et la respiration*, écrit Taisen Deshimaru.

禪

Deuxième partie

64 situations zen

Conte chinois

Un empereur avisé voulait choisir pour Premier ministre le plus sage de ses sujets. Après des semaines d'épreuves très difficiles, il ne resta plus que trois concurrents. L'empereur s'adressa solennellement à eux :

« Voici la dernière épreuve, l'ultime défi, dit-il. *Vous serez tous trois enfermés dans une pièce sans fenêtres. La porte sera munie d'une serrure extrêmement compliquée et terriblement solide. Le premier qui réussira à sortir sera l'élu. »*

Deux postulants, qui étaient fort savants et renommés pour leurs grandes connaissances, se plongèrent aussitôt dans des calculs ardus, alignant d'interminables colonnes de chiffres, traçant des schémas complexes, ébauchant des diagrammes hermétiques. De temps à autre, ils se levaient, examinaient la serrure d'un air pensif et retournaient à leurs travaux tout en soupirant.

Pendant ce temps, le troisième, assis sur une chaise, ne faisait rien. Il méditait. Tout à coup, il se leva, se dirigea vers la porte, tourna la poignée, ouvrit la porte et s'en alla.

Vivre le quotidien

Une amie a commis une énorme bévue. Vous êtes dans une colère noire...

« Toutes les émotions sont éphémères.
Elles surviennent puis repartent.
Vous, vous restez.
Donc, vous n'êtes pas votre colère [1]. »

Faire semblant d'être calme et serein sous prétexte de rester zen alors que vous bouillez de rage n'est pas une attitude recommandée. Se défouler sur l'autre non plus ! Dans ce genre de situation, pour avoir la maîtrise et la sagesse d'un moine bouddhiste, il faut être un moine bouddhiste... Dans votre entourage, il y aura toujours des personnes qui font du tort, sont inconscientes de leurs faits et gestes, font du mal. Aussi, apprenez à vous « dés-identifier » de vos émotions. Ce n'est pas parce que vous êtes traversé par une colère que vous êtes la colère.

1. Toutes les références des citations de cette partie sont indiquées en p. 212.

Commencez d'abord par reconnaître que vous *avez* une colère. Ensuite, faites une distinction entre ce que vous *avez* et ce que vous *êtes*. Ce n'est pas évident, mais vous pouvez vous aider en pratiquant quelques minutes de méditation, de respiration profonde ou en faisant une petite marche. Ensuite, écrivez une petite lettre à cette amie ou à la personne contre laquelle vous avez du ressentiment en lui expliquant les raisons de votre colère. Puis brûlez la lettre ! Cela vous permettra de mieux assimiler que vous n'êtes pas votre colère et de clarifier la situation en vous-même. Vous pourrez alors exprimer votre colère d'une façon claire, en sachant précisément ce que vous allez dire à la personne concernée. (E.P.)

Vous n'en sortez plus avec le ménage. Trop de choses à faire en même temps... et finalement à refaire sans cesse !

« Lorsqu'on choisit d'accomplir quelque chose, on a tout le temps pour la faire sereinement[1]*. »*

Comme vous le savez maintenant, c'est dans les gestes quotidiens de l'existence que vous pouvez éprouver et développer votre sagesse. Y compris avec le ménage ! Voilà la base même d'une vie zen. Laisser s'accumuler au fil des jours – quand ce n'est pas des semaines – le ménage ne fait qu'encombrer l'esprit et ajoute des tensions supplémentaires. Vous êtes débordé par les tâches ménagères parce que vous les pensez en bloc et par rapport à un résultat final : toute la maison propre, toute la cuisine propre, tout le jardin nettoyé, etc. Vous pensez donc le travail à faire par journées ou par demi-journées. Dans certains cas, cela équivaut à un véritable déménagement ! Avec le stress et les tensions que cela implique.

Divisez par cent les tâches à accomplir et, hormis les indispensables du quotidien (vaisselle, balayage de la cuisine, aération de la chambre...), répartissez-les sur la semaine ou sur le mois. Faites-vous un petit planning, de préférence par écrit, et fixez, un par un, jour après jour, les petits travaux à effectuer : un tiroir de la cuisine (et un seul), une étagère de la bibliothèque (et une seule), un mur de la salle de bains (et un seul), une fenêtre (et une seule) et ainsi de suite... Ainsi, vous ciblez une activité, en la choisissant consciemment et, en y consacrant 5 à 10 minutes, vous serez plus conscient de vous-même et de vos gestes, vous libérerez votre esprit. Au bout du compte, vous en retirerez une réelle satisfaction et même un certain plaisir. Le plaisir du travail bien fait ! (E.P.)

Vous êtes coincé dans un embouteillage et les enfants sont seuls à la maison...

« Arrêtez d'observer le temps qui s'écoule,
et vous vous sentirez beaucoup plus libre[1]*. »*

Vous pensez immédiatement que les enfants sont seuls à la maison et que vous ne pourrez pas préparer le repas à temps. Le temps passe, les voitures n'avancent pas, vous commencez à vous impatienter, à vous ronger les ongles, à compter les secondes. Les images de vos enfants livrés à eux-mêmes surgissent, obsédantes, angoissantes. Vous pensez que le bouchon risque de durer trois heures et que la maison va finir par prendre feu ! Vous commencez à trépigner, à sentir votre cœur battre... Voilà une réaction pessimiste typique, fondée sur l'idée que le pire arrive toujours. Pourtant, vous pouvez contrôler ce sentiment d'angoisse et d'impatience en respirant le plus profondément possible et en faisant l'effort de penser, pendant quelques instants, à la meilleure issue possible : la route va se déboucher très vite, en cinq minutes, ce qui va vous permettre d'arriver à l'heure à la maison. Ensuite, vous pensez à ce qui peut, finalement, se produire : « Je vais arriver quelques minutes en retard, mais les enfants vont m'attendre calmement et tout se passera bien. » C'est un effort mental de confiance et une autre façon de voir la vie qui n'est pas moins réaliste que celle d'un pessimiste. Le même conseil est applicable pour toutes les situations, dans tous les embouteillages. Et si le retard est important, les téléphones portables permettent aujourd'hui d'annoncer son retard et de régler certains problèmes à distance... (E.P.)

Vous ne savez pas comment résoudre un problème délicat...

« Prenez le temps d'écouter votre respiration, vous entendrez le souffle de l'Univers [2]. »

Une intervention dans une réunion qui risque d'être difficile, un financement urgent pour un projet, une discussion qui s'annonce mouvementée... Il y a mille situations dans lesquelles on peut se retrouver à court d'idées, désemparé, angoissé. Voilà le moment idéal pour expérimenter le pouvoir créateur... du vide ! Prenez quelques minutes pour vous asseoir et écouter votre respiration, simplement votre respiration. Ensuite, faites l'expérience de cet exercice très simple de visualisation et pensée positive : prenez un verre d'eau, remplissez-le, et buvez-en uniquement la moitié tout doucement et très lentement. En buvant, dites-vous : « Quand je boirai la deuxième moitié du verre d'eau, je trouverai spontanément la bonne idée (ou la bonne attitude à tenir). » Lorsque vous avez bu la première moitié du verre, reposez-le et ne vous préoccupez plus de votre problème. Une heure plus tard, buvez le reste du verre d'eau en vous rendant disponible à vous-même, sans penser à votre question, sans penser à une éventuelle réponse. Laissez simplement les images mentales venir à vous, comme dans une rêverie. Normalement, vous y découvrirez la solution à votre problème... Même si vous ne croyez pas au pouvoir de la pensée positive, faites au moins une fois cette expérience qui ne vous coûtera rien d'autre qu'un verre d'eau ! (E.P.)

Panique à bord : des amis viennent de débarquer à l'improviste, et vous n'avez rien.

« Montrer le partage, c'est montrer que le peu a plus de valeur que le beaucoup [2]*. »*

Créativité, humilité et partage : voilà les mots clés que vous devriez faire vôtres lorsque vous avez des « invités-surprises ». Même avec des amis intimes, certaines personnes sont plongées dans l'embarras lorsqu'ils débarquent à l'improviste ou ne préviennent que quelques minutes avant leur arrivée. C'est une question d'image, de peur de ne pas être à la hauteur, de peur de ne pas assez bien faire, de culpabilité de ne pas être prêt à toute éventualité... L'attitude zen consiste à partager ce que vous avez, même si le réfrigérateur est presque vide, de faire preuve de créativité pour improviser *ensemble* un repas « extra-ordinaire » (qui n'a pas forcément besoin d'être zen !). Bien sûr, cette attitude demande une certaine dose d'humilité mais elle vous permet aussi de partager la responsabilité de cette réception impromptue. (E.P.)

Au supermarché, la caissière est trop lente et les clients précédents prennent leur temps !

« Ne jugez pas, contemplez.
Ne rejetez pas, regardez.
Ne méprisez pas, écoutez [2]*. »*

Situation typique : vous avez choisi la mauvaise file ! Il est vrai que tomber sur une caissière débutante – qui n'a donc pas les gestes efficaces, hésite, n'a pas l'œil pour repérer les codes-barres et réfléchit avant de savoir ce qu'elle doit faire – peut être éprouvant. Plus encore si les clients qui vous précèdent ne savent pas ensacher leurs provisions et prennent leur temps comme s'ils n'avaient aucune conscience que dix personnes attendent derrière elles... Cela n'a rien de rare. Plutôt que de vous impatienter ou de ruminer des pensées agressives, cultivez les trésors de la philosophie zen. Concentrez-vous sur votre respiration et sur votre posture un moment. Fermez les yeux et respirez lentement, profondément, tout en massant votre plexus solaire en gestes circulaires avec la paume de la main pour vous recentrer sur vous-même. Puis ouvrez les yeux et observez. Lorsque la conscience de l'instant présent est en éveil, on observe naturellement mille détails qui nous échappent habituellement, sur nous-mêmes et sur les autres. Regardez les moindres éléments de ce qui vous entoure pour focaliser votre attention et votre esprit. Regardez aussi attentivement comment les personnes qui vous précèdent rangent leurs affaires et se comportent avec la caissière, mais sans juger ! Lorsque vient votre tour, vous serez automatiquement présent à vous-même. Vous n'aurez pas une attitude de mépris envers la caissière mais vous serez une « présence » de soutien. Soyez enfin conscient de vos mouvements pour trouver les gestes justes qui vous permettront de ranger vos provisions sans précipitation, mais avec efficacité. (E.P.)

Un gros pépin vient de vous arriver. Vous ne savez même plus si vous devez paniquer ou vous effondrer...

« Si certains problèmes vous pèsent trop,
imaginez que, dans cent ans,
vous et tous ceux que vous connaissez aurez disparu.
Chez les bouddhistes, c'est la loi de l'impermanence[2]. »

Plus facile à dire qu'à faire ! Pourtant, prendre le plus rapidement possible du recul sur la situation est une priorité absolue. Vous pouvez avoir un coup de déprime et vous laisser embarquer par vos émotions un moment, il n'y a rien de plus humain. Mais utilisez dès que possible toutes les techniques zen pour contrecarrer les effets du stress : dix minutes de respiration contrôlée en vous concentrant sur votre colonne vertébrale, vingt minutes de marche à bon pas, une bonne douche tonique. Ceux qui connaissent les Fleurs de Bach – les « élixirs floraux du Dr Bach » – auront un flacon de *Rescue Rem* (une préparation pour réguler les chocs émotionnels) à portée de la main. Enfin, gardez à l'esprit le précepte zen de cette question et tentez une méditation pour clarifier votre mental. Mais si vous n'avez pas le courage de méditer, allumez une petite bougie et faites une prière pour demander aide et soutien aux anges, aux saints, à Dieu ou à l'Univers si vous préférez. Même si vous ne croyez ni aux anges ni à l'influence bénéfique de la prière, cela ne pourra pas vous faire de mal... (E.P.)

La journée commence mal, le métro est en grève...

« Aujourd'hui puissant fleuve, demain petite rigole.
Aujourd'hui petite rigole, demain puissant fleuve[6]. »

La réalité n'est en soi ni bonne ni mauvaise. Elle est changeante. Tout simplement. C'est nous qui la qualifions, la jugeons et la colorons au gré de nos attentes et de nos états d'âme, gaspillant ainsi une bonne partie de notre énergie vitale. Il y a des situations que l'on ne peut modifier. On ne peut que les accepter. Mais pour qu'acceptation ne rime pas avec résignation, il est nécessaire de commencer par accueillir l'émotion que la situation suscite. Agacement, colère, panique... Que ressentez-vous ? Dans un second temps, une fois le calme recouvré, posez-vous simplement cette question : qu'est-ce que la situation exige que je fasse ? Cette formulation permet d'éviter d'entretenir la confusion entre réaction et action. Une réaction est une réponse qui part de nos projections mentales (à partir de l'idée pessimiste ou optimiste que l'on se fait de la situation) tandis qu'une action est une réponse qui part d'un état des lieux objectif de la situation et de nos compétences et possibilités. Considérer l'imprévu qui surgit dans le quotidien comme la manifestation de l'impermanence qui régit tout ce qui vit permet d'apprendre à lâcher prise, préalable indispensable à toute action juste. (F.M.S.)

Vous craignez de vous affirmer au sein d'un groupe, de peur d'être rejeté ou jugé.

« Si vous ne voulez plus être jugé par les autres, commencez par cesser de vous juger[8]. »

Tout jugement part de la peur. Et cela ne concerne pas seulement les jugements négatifs. Nous avons tous été élevés avec des étiquettes, plus ou moins valorisantes, et à notre tour nous avons collé des étiquettes autour de nous. Car on pense, à tort, qu'une personne étiquetée est une personne moins menaçante. C'est l'inconnu qui nous effraie et nous dérange. En procédant à des jugements sur soi, on se prive de la capacité d'évoluer, de changer, d'explorer et d'exposer des facettes de soi laissées dans l'ombre. Cesser de juger, c'est-à-dire de comparer ou de qualifier positivement ou négativement, est le premier pas qui mène à la libération du Soi. L'ego, qui est l'idée que l'on se fait de soi, va toujours vers le connu. Le museler permet de laisser s'exprimer ce qui, en nous, est plus grand, plus créatif, plus puissant que notre « petit moi ». Que risque-t-on à sortir du rang, à exprimer ce que l'on ressent, à affirmer ce que l'on est ? On peut choquer, décevoir, déranger. C'est le risque à courir quand on fait le pari de l'authenticité. Pour amorcer le changement, commencez par vous affirmer à petits pas. Osez dire oui ou non, simplement, sans vous justifier, sans chercher à vous excuser. Ne revenez pas sur vos décisions ou vos affirmations pour faire plaisir ou par peur de créer des conflits. Plus vous aurez confiance en vous, moins vous porterez de jugements, sur vous et sur les autres. (F.M.S.)

Au bureau, quand tout le monde s'agite, vous avez du mal à ne pas vous laisser emporter par la frénésie collective...

« Tout ce que vous regardez avec vos propres yeux est votre propre univers [2]. »

Zen un jour, zen toujours, aurait-on pu aussi dire ! Il est bien évident qu'une personne qui pratique le zen au quotidien sait rester elle-même en toute circonstance. Toutefois, il n'est pas toujours facile d'introduire des pratiques zen ou bouddhistes sur son lieu de travail. Surtout si vous avez une véritable vie spirituelle, vous risquez effectivement de passer pour un « allumé », si ce n'est pire ! Vous faites partie d'une équipe de travail, certes, mais n'oubliez pas que personne d'autre que vous-même ne vit à votre place, quelle que soit votre situation. Si votre entreprise ne vous permet pas d'aménager votre bureau à votre guise (en appliquant, par exemple, les principes du *feng shui*, voir p. 42), un petit truc : dans un coin de votre bureau, placez un petit objet qui évoque votre vie intérieure – une photo d'un temple zen, une carte postale d'un jardin zen, un porte-encens, une statuette... Tout comme certains affichent des photos de leurs enfants pour se sentir reliés à leur famille en un coup d'œil, cet objet pourra vous relier à votre vie intérieure. Il vous suffira même de le toucher pour provoquer une réaction psychophysiologique immédiate de calme, et prendre aussi, en quelques secondes, du recul sur une ambiance stressante. (E.P.)

Vous aimeriez changer de domaine professionnel mais ce saut dans l'inconnu vous effraie.

« Oser et risquer, quelle différence faites-vous[8] ? »

« Qui en moi est effrayé ? » C'est la première question que vous devriez vous poser avant d'entamer toute réflexion. La pratique du zen consiste à ôter les couches de nos croyances, de la même manière que l'on pèlerait un oignon. Que vous dit votre voix intérieure, celle qui freine vos désirs et bride vos élans ? À qui appartient cette voix ? Tant que vous n'aurez pas démasqué celui ou celle qui parle en vous, vous ne serez pas libre de vos choix. Toutes les traditions spirituelles ont un point commun : pour s'engager sur le chemin, il faut quitter son père et sa mère, fermer derrière soi la porte de sa maison. Quitter le monde douillet du connu est souvent une épreuve obligée lorsqu'on souhaite partir à la rencontre de son désir profond. Une fois que vous aurez cerné la nature de vos blocages intérieurs, vous pourrez faire l'inventaire des compétences et des possibilités matérielles qui vous conduiront au changement. Marcher vers l'inconnu est toujours effrayant. En avoir conscience est un garde-fou précieux qui permet de distinguer le risque de l'imprudence. Mais se donner les moyens de devenir qui on est vraiment ne peut aller sans ce saut dans l'inconnu. La sécurité du connu est illusoire, c'est un fantasme infantile que l'on maquille avec les fards d'une pseudo-sagesse. Vous seul savez au fond de vous ce qui est juste et bon pour vous. Vous seul pouvez mobiliser vos ressources personnelles et tirer parti de votre expérience pour avancer. (F.M.S.)

Votre travail est monotone, répétitif, vous aspirez à davantage de créativité.

« Être créatif, c'est simplement jouer avec la création [8]. »

Dans le monde professionnel, la principale souffrance vient du sentiment d'être réduit à une pièce interchangeable dans le grand puzzle de l'entreprise. Manque de responsabilité, manque de créativité, manque de reconnaissance sont les griefs les plus courants. Pour le zen, être créatif, c'est se donner entièrement à ce que l'on fait. Y compris, et surtout, dans les tâches les plus ordinaires. *Quand vous avez affaire à une matière grossière, ne la traitez pas sans égards ; faites preuve envers elle d'autant de diligence et d'attention que si vous étiez en présence d'un objet précieux*, préconise Dôgen dans ses instructions au cuisinier zen. Chacun de nos actes peut être fait avec nous ou sans nous. C'est-à-dire avec conscience ou comme un automate. La créativité, c'est mettre de soi-même dans chacun de nos gestes et de nos mots. Commencez par rafraîchir le regard que vous portez sur votre quotidien en adoptant l'esprit de débutant, si cher au zen. Prenez du temps lorsque vous êtes en vacances pour penser à votre travail à froid puis élargissez votre réflexion à l'entreprise ; que pourriez-vous proposer ? Osez penser à des idées et à des projets qui à première vue paraissent irréalisables. Parlez-en à un ou plusieurs collègues de confiance. La créativité consiste à poser un regard neuf sur ce qui existe puis à mettre en propositions ou en actes des idées nouvelles. N'oubliez pas non plus que la créativité passe aussi par mille petites choses – elle peut se nicher dans le regard ou dans la façon d'entrer en communication. Si vous avez vraiment le sentiment que vous avez fait le tour des possibilités sur votre lieu de travail, compensez dans votre vie privée. Développez vos talents artistiques, manuels ou intellectuels mais ailleurs ! Votre énergie en sera décuplée et, qui sait, elle finira peut-être par mettre des couleurs dans la grisaille de votre univers professionnel. (F.M.S.)

Vous avez l'impression d'être engagé dans une course infernale, métro-boulot-dodo. Vous n'en pouvez plus et vous ne savez pas comment décompresser.

« Ne cherchez pas le calme autour de vous mais en vous [6]. »

Vous connaissez l'adage bouddhiste : *Quand le disciple est prêt, le maître apparaît.* Eh bien, il en va de même pour la sérénité. Elle s'installe en vous dès que vous lui faites de la place. Les journées des moines zen sont rigoureusement minutées. Aux travaux physiques succèdent les temps de méditation. Le corps et l'esprit ne sont jamais épuisés alors même qu'ils ne connaissent aucun temps mort. C'est cet équilibre subtil qu'il faut apprendre à réintroduire dans nos vies. Il suffit pour cela de prendre modèle sur la respiration : effort de l'*inspir*, détente de l'*expir*. N'attendez pas d'être à bout de souffle pour souffler. Prenez l'habitude de vous accorder des pauses de respiration consciente. Les yeux fermés, le dos droit, les muscles relâchés, inspirez par le nez sans forcer puis expirez par la bouche de la même façon. Comptez vos respirations de manière à ne pas vous laisser parasiter par votre environnement ou par vos pensées. Chaque matin avant de partir travailler et chaque soir en rentrant, prenez dix minutes pour respirer de manière consciente. Proposez à votre entourage d'adopter ce petit rituel. Petits et grands y gagneront en clarté d'esprit et en sérénité du cœur. (F.M.S.)

Votre bureau est triste, impersonnel, vous vous y sentez mal.

« Mon esprit est ma maison [8]. »

C'est zen, dit-on d'un lieu qui inspire la paix et respire l'harmonie. Si votre espace de travail ne reflète ni l'une ni l'autre, il y a fort à parier que le désordre et la négligence y règnent. Les lieux influent sur notre esprit. C'est d'ailleurs l'idée clé du *feng shui*, science millénaire chinoise de l'aménagement de l'espace qui vise à équilibrer l'énergie afin de produire harmonie et abondance. Votre lieu de travail est un lieu de vie au même titre que votre maison. Pour y vivre dans les meilleures conditions possibles, vous devez vous y sentir bien. Si votre entreprise permet que vous aménagiez votre bureau à votre guise, commencez par faire le tri dans vos affaires. Sans états d'âme, jetez tout ce qui ne vous sert plus et rangez tout ce dont vous ne vous servez pas au quotidien. Votre bureau doit être le plus vide possible. Aménagez sur votre table une petite lampe et un petit autel personnel : une photo ou une image qui vous est chère, un petit objet qui vous fait vous sentir chez vous et, pourquoi pas, une bougie ou un bâton d'encens que vous pourrez allumer pour assainir l'atmosphère. Jouez avec les couleurs en choisissant des chemises, carnets ou dossiers de couleurs vives que vous changerez lorsqu'ils seront défraîchis. Une plante verte dans un coin du bureau apporte une énergie yin dans les espaces où le métal et l'acier dominent. Veillez enfin à placer votre bureau de manière à ce que vous soyez dos au mur, jamais dos à une porte ou à une baie vitrée. (F.M.S.)

Vivre son temps

Le matin, vous n'arrivez pas à démarrer et une dure journée est à venir...

« Jour après jour,
c'est un bon jour[4]*. »*

Vous ouvrez les yeux, submergé par mille sentiments embrouillés, des pensées contradictoires, des rêves confus, l'image angoissante d'une journée trop chargée... Cela vous empêche d'avoir l'esprit clair pour apprécier chaque instant de ce début de matinée. Selon les spécialistes du sommeil, le moment du réveil est un moment de perméabilité. Aussi, les premières pensées qui vous viennent à l'esprit peuvent-elles donner la couleur de toute la journée à venir. Réglez votre réveil cinq minutes plus tôt. Lorsque vous vous réveillez, n'énumérez pas tout ce que vous avez à faire et ne vous focalisez pas sur les problèmes que vous allez devoir surmonter. Accordez-vous une, deux ou trois minutes pour ne rien faire, pour ressentir le contact des draps, pour laisser à votre corps le temps de reprendre conscience de lui-même. Puis concentrez-vous sur le moment le plus agréable de votre journée, par exemple un déjeuner avec une vieille amie que vous n'aviez pas vue depuis longtemps. Quel moment vous enthousiasmera par sa seule évocation ? Attardez-vous encore deux ou trois minutes dans votre lit pour goûter les sentiments positifs que la seule idée de ce moment fait naître en vous. Vous démarrez ainsi la journée dans un état d'esprit positif, clair et serein. Vous en serez d'autant plus efficace ! (E.P.)

Vous avez tellement d'activités que vous ne savez plus les planifier.

« Si gagner du temps devient une obsession,
c'est probablement parce que vous avez trop
de tâches à accomplir.
Dressez la liste de tout ce que vous pouvez
éliminer ou déléguer [1]. »

Si vous ne savez plus planifier, c'est que vous ne savez pas définir vos priorités... C'est la base même de la maîtrise du temps. Un exercice simple et efficace – à condition d'y consacrer un peu de temps ! – vous permettra de compléter les sept clés de la maîtrise du temps (voir p. 27). Prenez une feuille de papier et répondez à la question : « Qu'est-ce qui compte le plus pour moi dans la vie ? » Faites la liste de toutes vos activités en les classant dans ces quatre catégories :

A. Cette activité est-elle vitale, essentielle à ma vie ?
B. Est-elle importante, mais pas essentielle ?
C. Est-elle peu importante ?
D. Est-ce une perte de temps délibérée ?

Ces points de repère vous permettront de distinguer ce qui est important de ce qui ne l'est pas et donc de définir clairement vos priorités. Au fur et à mesure, vous découvrirez probablement que vous passez beaucoup de temps à faire des choses inutiles... Ensuite, respectez ces trois règles élémentaires :

- vos objectifs doivent d'abord être concrets et précis afin de vous permettre d'en évaluer les résultats ;
- ils doivent ensuite être réalistes, dans la mesure de vos possibilités. Ne fixez donc pas la barre trop haut ;
- ils doivent enfin concourir à votre plaisir.

Cet exercice de base vous permettra aussi de clarifier votre esprit ! (E.P.)

Vous ne savez plus par quoi commencer...

« Ne courez pas après la vie :
elle attend toujours après vous [1]. »

Il y a des moments de la vie où tout arrive en même temps ! L'esprit s'emballe et il est alors difficile de faire face avec sérénité. Si vous ne pratiquez pas la méditation – qui permet de clarifier l'esprit – plutôt que de paniquer, vous allez faire un pied de nez au temps en... le rallongeant ! L'exercice est simple : il consiste à ralentir ses gestes. Choisissez au hasard une petite activité quotidienne que vous faites rapidement et par habitude (se laver les dents, laver la vaisselle, ranger les vêtements, faire les poussières, etc.). Lorsque vous avez fait votre choix, respirez lentement, profondément et ralentissez à l'extrême tous vos mouvements en imaginant que vous êtes dans un énorme pot de miel. Concentrez-vous sur votre posture, sur chacun de vos gestes, sur l'objet que vous tenez, sur le contact physique avec l'objet. Concentrez-vous ensuite sur vos muscles et sur la façon dont vous respirez. Soyez présent à vous-même. Vous allez alors prendre conscience d'une quantité de détails qui vous échappent, comme la façon dont vous ouvrez votre tube de dentifrice, dont vous tenez un couteau à légumes, dont vous marchez sur l'herbe... Expérimenter avec intensité le moment présent vous permettra d'instaurer quasi instantanément le calme intérieur, de reprendre conscience de vous-même et de choisir en toute conscience une tâche que vous allez effectuer avec sérénité, efficacité et plaisir. (E.P.)

Vous êtes toujours en retard à vos rendez-vous.

« Ceux qui arrivent toujours en retard n'ont jamais réussi à prendre rendez-vous avec eux-mêmes [2]. »

Il existe de nombreuses raisons pour lesquelles une personne arrive systématiquement en retard à ses rendez-vous : problème de visualisation du temps, défaut d'évaluation du temps, défaut de gestion, besoin de se faire attendre pour avoir le sentiment d'exister, besoin de se faire remarquer, évitement des repères (besoin d'instabilité), peur des rencontres... ou même phobie de l'heure exacte ! En méditant sur cette liste, et en faisant une petite auto-analyse de votre comportement, il vous est possible de découvrir l'origine de cet incident répétitif. S'il s'agit essentiellement d'un problème de préhension, de gestion ou de maîtrise du temps, vous pouvez utiliser les outils et méthodes de base pour apprendre à mieux maîtriser votre temps (voir p. 27). Si vous prenez conscience qu'il s'agit d'un fonctionnement psychologique plus profond (besoin de se faire remarquer, de se faire attendre, d'exister...), vous devrez travailler sur cet aspect de votre personnalité. Mais, dans tous les cas, vous pouvez commencer par appliquer un principe très simple : prenez l'habitude de partir avec dix minutes d'avance. Quel que soit le rendez-vous, l'endroit où vous allez, que ce soit seul ou en famille, prenez cette habitude. Cela vous évitera d'abord une bonne dose de stress et vous aurez ensuite toutes les bonnes raisons d'y prendre goût :

vous saurez que, en arrivant, vous aurez dix minutes pour vous, pour ne penser à rien ou pour réfléchir, pour respirer, pour observer, pour vous calmer, pour vous retrouver. Tentez cette grande aventure au moins une fois et vous remarquerez que le changement d'état d'esprit est immédiat. Ces dix minutes d'avance ne sont pas dix minutes perdues mais *dix minutes pour être bien...* (E.P.)

On vous répond : « Je n'ai pas le temps... »

« Le temps n'est ni notre ennemi, ni notre maître, ni notre esclave. Il est ce que l'on est[2]. »

Lorsque vous vous adressez à une personne pour lui demander un service, pour lui présenter un projet, pour l'intéresser à un produit que vous représentez, pour lui proposer un petit travail, vous devez absolument avoir évalué le temps que prendra votre présentation ou le petit travail que vous demandez. En général, lorsqu'une personne vous répond qu'elle n'a pas de temps à vous consacrer, c'est que vous n'avez pas été précis. Annoncez toujours la durée de votre entretien (cela vous prendra deux minutes et demie, pas une minute de plus). Plus vous serez précis et concis, plus votre interlocuteur saura à quoi s'en tenir. Et si vous avez cultivé en vous-même une attitude zen, que vous êtes en pleine conscience dans l'instant présent, il sera encore plus réceptif à votre demande. Soyez l'exemple du calme intérieur et de la disponibilité, votre attitude ne présentera qu'un seul risque : celui d'être contagieuse ! (E.P.)

Vos papiers et vos factures s'accumulent. Cela vous désespère...

« Être tumulte et confusion, c'est être forces dispersées. Apprenez à mettre de l'ordre dans votre vie [5]. »

Beaucoup de personnes ont une sainte horreur des papiers administratifs, factures et lettres officielles. Au point que leur simple vue peut provoquer chez elles une irrépressible angoisse, teintée de culpabilité. Probablement parce que cela les ramène trop violemment à une réalité – notre existence administrative – qui n'est pas forcément agréable. Aussi, commencez par mettre ce coin « gris » de votre vie... en couleur ! Dans les magasins spécialisés dans la décoration de maison ou en fournitures de bureau, on trouve des dizaines de variétés de boîtes, classeurs, rangements, dossiers, chemises et sous-chemises de couleur, peintes, décorées... Procurez-vous du matériel de classement qui vous plaise vraiment, assorti à vos goûts, agréable à manipuler et à regarder. Vous allez y ranger régulièrement tous les papiers qui représentent l'aspect gris de la vie. Ensuite, occupez-vous de vos papiers, lettres administratives, factures à payer, une fois par semaine, *un matin avant d'aller travailler.* Choisissez un jour fixe, par exemple le mardi. Tous les mardis, vous devrez vous lever une demi-heure plus tôt en sachant que vous aurez une demi-heure pour vous occuper de vos papiers. Faites l'expérience au moins une fois : vous verrez immédiatement quelle incroyable libération d'esprit permet cette autodiscipline. (E.P.)

À qui veut l'entendre vous dites : « Je n'ai plus le temps de rien faire. »

« Si vous appelez votre temps libre un "temps mort", vous aurez toujours l'impression de perdre un peu de votre vie. Voilà pourquoi, pour certains, perdre son temps, c'est perdre la vie[2]*... »*

La phrase « Je n'ai plus le temps de rien faire », de plus en plus courante aujourd'hui, est devenue un contresens puisque, pour beaucoup, elle signifie « je ne peux plus en faire plus que ce que je fais », alors que, littéralement, elle signifie le contraire : ne plus avoir le temps de s'arrêter pour ne rien faire... Or, ne rien faire est pourtant une « activité » indispensable pour notre santé mentale ! Ne rien faire, ce n'est pas prendre du temps pour soi, c'est tout simplement... ne rien faire. Tout au plus s'asseoir à la terrasse d'un café, un thé à la main et attendre. Quoi ? Rien... Nous avons tous besoin de ces moments de « jachère psychique » où l'on peut rompre avec le rythme quotidien pour laisser l'esprit vagabonder. Cette pause dans le temps, les artistes la connaissent bien. Pour eux, c'est une mise en disponibilité pendant laquelle l'inspiration peut survenir. De temps en temps, arrêtez-vous. Asseyez-vous dans un coin de la cuisine, sur un banc du jardin ou allongez-vous sur votre lit en regardant le plafond. Expérimentez le moment présent en disant : « Je ne fais rien. » (E.P.)

Vous n'osez pas dire non.

« S'ignorer soi-même est aussi grave que d'ignorer les autres[3]*... »*

C'est un principe bien connu : l'inaptitude à dire non est l'une des plus importantes voleuses de temps de notre existence ! Il est possible que vous ayez besoin de dire oui à tout ce que l'on vous demande pour éviter les conflits, pour être à la hauteur, pour avoir une image positive, pour ne pas faire de peine, pour avoir le sentiment d'exister ou tout simplement parce qu'on ne vous a pas appris à dire non... Ne pas savoir refuser, ce n'est pas seulement surcharger son temps, c'est aussi ne pas se respecter soi-même. Si on vous demande un service ou un travail qui risque de vous peser, de vous surcharger (et même si cela peut vous apporter des avantages), soyez honnête envers vous-même et envers les autres. Vous pouvez, diplomatiquement, expliquer que votre refus n'est pas seulement une question de manque de temps (ne répondez pas « je n'ai pas le temps ») mais une question de disponibilité d'esprit : même s'il s'agit d'un travail facile mais long ou d'une fonction (comme être membre du conseil d'administration d'une association) dont on vous assure qu'elle ne vous prendra pas beaucoup de votre temps, répondez que vous aurez une partie de votre esprit occupée par ce travail ou cette fonction et que vous ne pouvez pas vous le permettre, que vous avez besoin de temps pour vous-même, pour être avec votre famille... Si vous êtes sincère, authentique, votre interlocuteur comprendra votre choix et votre refus. Et, surtout, ne rappelez pas un quart d'heure plus tard pour dire que vous avez changé d'avis ! (E.P.)

Vous gérez parfaitement votre emploi du temps, mais vous avez l'impression de ne pas mener votre vie comme vous l'entendez.

« Tout comme les poissons ne peuvent vivre
dans une eau trop pure,
on ne peut respirer dans un temps aseptisé[3]. »

Si votre agenda est, jour après jour, réglé à la minute près, ce n'est pas votre vie que vous gérez, mais uniquement votre temps ! D'où cette sensation de manque qui peut aller jusqu'à donner l'impression de ne pas mener sa propre vie. En fait, en cherchant à contrôler le temps, vous limitez vos choix et vous ne laissez plus de place à la surprise, à la spontanéité ou aux aléas naturels de l'existence. C'est comme si, par besoin de contrôle, vous vous étiez vous-même enfermé dans une cage qui, certes, vous protège de la confusion, des incertitudes et des risques, mais vous empêche surtout de respirer et vous coupe de l'une des fonctions essentielles chez tout être humain : la créativité. Pour retrouver le sens de votre propre vie, vous devez procéder à l'inverse de ceux qui n'ont aucune idée de la gestion du temps, en apprenant à mettre sciemment, dans votre agenda, un peu de... désordre ! C'est-à-dire du temps pour vous, des temps libres, des espaces où vous pourrez ne rien faire et dans lesquels vous pourrez prendre votre temps, des horaires flottants pour les repas, des plages pour des activités impromptues, etc. Et cela tout en essayant de faire la chasse aux routines. Ce n'est qu'à ce prix que vous pourrez reprendre contact avec vous-même. (E.P.)

Situation d'urgence. Tout le monde s'affole. On est au bord de la crise !

« Ce sont les trains qui roulent de plus en plus vite.
Pas la planète qui accélère [1]. »

Tout dépend du point de vue où l'on se place... Par définition, pour le zen, il n'y a pas de situation d'urgence, puisque seul le « ici et maintenant » compte. Il y a simplement des situations où il faut être efficace, où il faut être capable d'avoir la pensée juste, le geste juste, l'action juste. Et donc des moments où il faut être encore plus conscient, plus lucide, plus présent, plus pragmatique mais aussi plus à l'écoute de son intuition, de ses ressources intérieures. Certaines personnes excellent dans les situations d'urgence et ce n'est pas parce qu'elles appliquent des recettes (étant donné qu'aucune situation ne ressemble à une autre, il n'y a pas de recette-miracle). Elles excellent parce qu'elles sont elles-mêmes, se laissent guider par leur intuition et par la vérité du « ici et maintenant ». Voilà ce qui peut mener, parfois, à accomplir des exploits, ou des actes d'héroïsme. Si vous appliquez sincèrement les conseils donnés dans ce livre, si vous faites un travail sur vous-même en vous référant à la philosophie zen, si vous pratiquez régulièrement la méditation, en quelques mois, vous vous apercevrez que vous serez de plus en plus capable de remplacer spontanément le terme de situation d'urgence par situation intense. (E.P.)

Vivre en couple

Votre couple a traversé des épreuves qui, au lieu de vous rapprocher, vous ont éloignés l'un de l'autre. Vous rêvez de retrouver la complicité, la joie et l'intimité des premières années.

« Chaud, froid, c'est vous qui l'expérimentez [7]. »

Aussi doré ou douloureux que soit le passé, il est révolu. Aussi difficile que soit le présent, ce temps est la seule réalité sur laquelle nous pouvons agir. Mais pour cela, nous dit le zen, il faut d'abord accepter ce présent tout entier : cette acceptation est le premier pas qui mène à la prise de conscience sans laquelle nous nous condamnons à rester piégé dans la souffrance. Pour cela, avant de retisser un lien avec un autre, il est essentiel de reprendre contact avec soi-même, en profondeur.

Accueillir ses émotions signifie les parler, les pleurer, les crier, les écrire, de manière à vider son propre sac pour ne pas le déverser sur l'autre. C'est uniquement lorsque cette immersion en soi-même est effectuée que l'on peut se tourner vers l'autre. On ne peut jamais convaincre qui que ce soit de la justesse de son point de vue, mais uniquement de l'authenticité de ce que l'on ressent. Seule cette certitude nous met dans un état d'esprit à la fois autonome et ouvert aux autres.

Si la parole est essentielle, l'écoute l'est tout autant... Thich Nhat Hanh recommande l'*écoute profonde* : se mettre à l'écoute profonde, c'est se rapprocher par le cœur, par une présence attentive et sensible, sans juger l'autre, sans le commenter pour que s'installe un climat de confiance et de sincérité.

« Je ressens une grande tristesse car j'ai l'impression que l'on s'éloigne l'un de l'autre, qu'en penses-tu ? Je n'ai pas envie que l'on s'éloigne davantage, que pourrait-on faire pour trouver ensemble une solution ? » Ces phrases toutes simples, qui ne proposent aucune solution « clés en main », ont le pouvoir d'éteindre progressivement en soi et chez l'autre la colère et le chagrin. Elles ouvrent de nouvelles possibilités dans la relation en faisant appel à des ressources inexploitées. (F.M.S.)

Vous avez l'impression d'être devenus trop routiniers dans votre couple. Vous ne vous disputez pas mais vous vous dites que vous avez peut-être fait le tour de votre relation.

« Vivre comme si le feu faisait rage dans nos cheveux[9]*. »*

Voilà ce qu'enseignait maître Dôgen. Vivre comme si chaque jour était non le premier mais le dernier... Pour le zen, la routine est une construction de notre esprit, elle est la preuve que nous avons cessé d'être vigilants. On pense connaître l'autre par cœur, on devine ses réactions, on devance ses désirs. Mais si cette certitude de connaître l'autre par cœur est confortable et rassurante, elle est aussi illusoire. Car l'autre, tout comme nous, est un être en évolution permanente et prétendre le connaître une fois pour toutes revient à se priver de la richesse d'une relation vivante.

Pour renouveler le goût de l'ordinaire plutôt que de s'épuiser à chercher sans cesse de l'extraordinaire, la philosophie zen nous invite à développer l'« esprit de débutant » : le débutant est celui qui considère chaque relation, chaque situation avec un esprit et un regard neufs. Chaque fois que possible, pourquoi ne pas essayer de se dire : « Hier dans cette situation, j'aurais fait ça. Mais, depuis, j'ai vécu d'autres expériences, j'ai changé. Aujourd'hui, que puis-je faire de neuf ? » Il suffit parfois de bannir les « toujours » et les « jamais » des phrases que l'on adresse à son partenaire, il suffit de décider de le regarder à nouveau comme une personne nouvelle, de se laisser aller à tout ce que nos habitudes et nos réflexes conditionnés nous empêchent de faire. Il suffit parfois de considérer cet homme, cette femme, si familier, comme un partenaire inconnu, à séduire et à surprendre. Jour après jour. (F.M.S.)

Vous aimeriez aider votre compagnon dans les situations difficiles mais il se replie sur lui-même et ne communique pas, comme s'il mettait un point d'honneur à s'en sortir tout seul.

« Un autre n'est pas moi, et je ne suis pas un autre[9] *! »*

C'est ce que répondit un jour un vieux moine à maître Dôgen, qui lui demandait pourquoi il ne confiait pas sa tâche à un moine plus jeune que lui. Cette réplique devenue célèbre résume à elle seule l'esprit du zen.

Un autre n'est pas moi... Et pourtant, nous aimerions tant que l'autre réponde à nos besoins et, surtout, nous aimerions tant que ces besoins soient les mêmes que les nôtres. Mais nos besoins ne sont pas interchangeables. Ce qui fait nécessité pour l'un peut être superflu pour l'autre.

Respecter cette différence fondamentale, c'est accepter l'autre tel qu'il est vraiment.

Pour le bouddhisme zen, les êtres humains ne sont ni dépendants ni indépendants, mais interdépendants. Ce qui signifie qu'il est de notre responsabilité de mesurer les conséquences de nos actes sur notre entourage. « Je suis triste que tu ne te confies pas à moi, j'ai l'impression que tu ne me fais pas assez confiance », « Je sais que tu n'aimes pas parler, mais sache que je suis avec toi, je suis prêt à t'écouter quand tu en auras envie ou besoin »... De telles phrases ont pour but non pas d'amener l'autre à adopter un comportement conforme à nos attentes, mais de lui faire prendre conscience qu'il n'est pas seul dans le couple. Dans tous les sens du terme. Libre à lui de choisir le comportement qui rendra la vie à deux épanouissante sans pour autant le faire se renier. (F.M.S.)

Votre mère s'immisce en permanence dans votre vie de couple et vous critique souvent. Vous avez de plus en plus de mal à accepter cette situation.

« Chaque occasion est la meilleure des occasions [10]. »

Ce *kôan* n'est pas une invitation à chausser des lunettes roses pour se réjouir béatement de tout ce qui nous arrive mais bien une invitation à considérer ce qui nous arrive comme une excellente opportunité de travailler ce qui coince encore en nous. Lorsque le comportement d'une personne nous pose problème, nous devons, avant toute chose, essayer de comprendre ce qui se joue dans cet antagonisme. Posez-vous ces questions qui vous permettront de mieux vous connaître : Qu'est-ce qui dans ce comportement rejoue un air connu ou insupportable pour moi ? Quels points de vulnérabilité cette personne touche-t-elle en moi ? Confiance en soi ? Estime de soi ?

Amour-propre ? Que puis-je faire pour renforcer mon système de défense personnel ?

Ce n'est qu'à partir de ce questionnement, après ce face-à-face avec soi-même, que l'on peut cesser d'en vouloir uniquement à l'autre pour essayer de pallier certains de nos manques et commencer à abandonner la position de victime pour devenir acteur de sa vie. Nous avons tous des ressources inexploitées, une créativité personnelle et relationnelle qui ne demande qu'à s'exprimer à partir du moment où on se situe comme sujet de sa vie et non plus comme un objet. Désirer que l'autre change pour que notre vie devienne plus confortable est un fantasme et une quête vouée à l'échec. La seule question profitable que nous pouvons régulièrement nous poser est : « Que puis-je faire pour vivre davantage en paix avec moi-même ? » C'est ce que dit le célèbre *kôan* : « *À esprit libre, environnement libre.* » (F.M.S.)

Votre belle-mère vient passer quelques jours chez vous. Vous appréhendez cette cohabitation.

« Quand vous comparez, vous tuez le précieux en vous et en l'autre[7]*. »*

Lorsque l'on appréhende un face-à-face avec quelqu'un, la première question à se poser est : « Qu'est-ce que je projette de moi sur cette personne ? » Le zen n'est pas seulement une pratique qui tend à faire de la sérénité intérieure le pilier de notre vie, c'est aussi une ascèse qui a pour but de nous aider à nous dépouiller de toutes les croyances qui brouillent notre perception de la réalité. La plupart de nos croyances sont en fait des préjugés ou des facettes de soi que l'on colle sur une situation ou une personne. Par peur d'être pris au dépourvu ou d'être malmené. Les relations avec la belle-famille rejouent, la plupart du temps, la partition que l'on a composée avec sa propre famille. Prendre conscience des scénarios de répétition permet non seulement de ne pas les reproduire indéfiniment mais aussi de nous rendre plus responsable de nos actes et donc de notre vie. Lorsque l'on appréhende une situation, cela veut dire qu'on écrit dans sa tête son déroulement. Mais cette construction est fictive car elle ne repose sur aucune réalité. La première chose à faire est donc de cesser d'envisager ce qui va être et de poser des actes justes, au jour le jour. En restant soi-même, en demeurant bien centré, non seulement on ne gaspille pas son énergie mais on donne à l'autre la possibilité de prendre sa place en dehors de tout rapport de force. Votre belle-mère vient passer quelques jours chez vous, il n'y a rien d'autre à faire que de continuer à vivre comme vous en avez l'habitude. Sans chercher à plaire, sans chercher à convaincre, sans chercher à faire rentrer l'autre dans la petite case des préjugés de votre esprit. (F.M.S.)

Chaque point de vue divergent débouche sur un conflit. Comment s'affirmer sans se renier ni partir en guerre ?

« Chacun est responsable des émotions qui naissent en lui[9]. »

La colère n'est pas mauvaise en soi. On peut être en colère parce qu'on est traité injustement, sans respect ni égard. Mais, si l'on a conscience que la colère est une information sur notre état émotionnel et non un moyen de communication, alors on devient responsable de sa gestion. Lorsque la colère grandit, un choix s'offre à nous : on peut se servir de cette énergie pour en faire une arme contre l'autre ou bien on peut l'accueillir en soi puis la recycler. Toute colère masque de la tristesse. Reconnaître cette dualité nous permet d'y mettre un terme. On est en colère parce qu'on a le sentiment de ne pas être compris, d'être attaqué, d'être nié. La colère est une réponse physique à cette émotion de tristesse. Mais si on choisit d'en faire un mode de communication, on condamne la relation à la stérilité. *Chaud, froid, c'est vous qui l'expérimentez*, avait coutume de dire Taisen Deshimaru, signifiant par là que l'on ne peut convaincre personne du bien-fondé d'une expérience. On se contente simplement d'en faire l'expérience et on en témoigne. Tout ce qui est du ressort de l'expérience intime n'a pas à être jugé ni à être mis en doute. Quant aux points de vue de chacun, ils doivent être écoutés jusqu'au bout sans être commentés ni interrompus. Quel est votre objectif commun ? Comment l'atteindre ensemble ? Seules importent ces deux questions. (F.M.S.)

Vous vous sentez de moins en moins attiré(e) par l'autre. La tentation grandit d'aller voir ailleurs...

« S'engager dans une relation, c'est dire : oui. Pas "oui, mais"[9]*. »*

Peut-on monter deux chevaux à la fois ? Peut-on marcher sur deux chemins ? Vous seul connaissez la réponse. Au-delà du Bien ou du Mal de la morale. Nous disposons tous d'un capital d'énergie. Nous pouvons choisir de le garder entier ou de le morceler.

Mais il faut savoir que dès qu'on se désengage d'une relation on l'affaiblit. Que cherchez-vous vraiment ? À fortifier une relation qui ne vous donne plus satisfaction ou à rechercher une satisfaction dans une autre relation ? Agir en conscience fait toute la différence. Lorsque la conscience est éclairée, l'action est juste. Si on se cherche des excuses, si on se ment, on cesse d'être Un avec soi, on se divise de l'intérieur. Ce choix n'est pas mauvais en soi mais il n'est pas sans conséquences. Et ce sont ces conséquences qu'il faut mesurer avant d'agir, sans se voiler la face. Libre alors, à chacun, de poser les actes qui seront en accord profond avec son désir. Mais attention aux leurres, que cherche-t-on dans une double vie ? Les avantages d'une relation sans ses inconvénients ? La réalité nous apprend que cela n'existe pas. Mais si nous devons en passer par l'expérience, pourquoi pas. (F.M.S.)

Les enfants vont quitter le foyer familial, vous redoutez le syndrome du « nid vide ».

« Que voyez-vous derrière le décor [9] ? »

Lorsqu'ils choisissent de percer l'ultime voile qui les sépare de la réalité pure, les méditants bouddhistes se tournent vers le mur. Ils se soustraient du monde des illusions pour affronter, seuls, le grand vide. Quitter le décor pour voir la vérité nue, c'est ce à quoi nous sommes aussi confrontés dans la vie de couple. Notamment lorsque les enfants quittent la maison. Que reste-t-il de ce couple que soudait la vie de famille ? Deux étrangers qui n'ont plus rien à se dire ni grand-chose à partager ou deux êtres qui vont faire une nouvelle expérience de vie ? Plus nous sommes distraits par la vie, par le décor du monde, ses projets, ses promesses, ses séductions, plus nous devenons vulnérables et pauvres. C'est pourquoi il ne faudrait pas attendre que cette fausse corne d'abondance se tarisse pour se nourrir de manière différente. Un couple n'est pas la fusion de deux êtres incomplets, c'est, au contraire, l'alliance de deux êtres pleins et singuliers. Il y a trois jardins dans la relation à deux, le jardin de chacun et le jardin commun. Prenez soin de votre jardin en développant votre curiosité, vos goûts personnels et vos talents ; laissez l'autre en faire de même. Ces richesses enrichiront votre jardin commun. Vous n'aurez plus à redouter d'errer sur des terres en friche. Cultivez-les, jour après jour, échangez vos récoltes. Savourez le plaisir de vivre ensemble, non pas dépendants, non pas indépendants, mais interdépendants. (F.M.S.)

Dans votre couple, vous avez le sentiment de donner plus que vous ne recevez.

« Le don enrichit le donateur[7]. »

Avec tout notre cœur, nous offrons des objets, des mots, des gestes de tendresse, du temps et, consciemment ou non, nous attendons d'être payés en retour. C'est humain. Mais cette attente est aussi source de souffrance. Car le moindre conflit suffit à faire ressurgir les griefs : combien de fois reproche-t-on à l'autre son ingratitude ? Prompts à souligner l'ingratitude du bénéficiaire, on ne prend que rarement le temps de ressentir le sentiment de plaisir qui accompagne un vrai don. Dans le zen, il existe un mot pour qualifier le véritable don du cœur : *fuse*. Il qualifie le don fait sans but ni esprit de profit.

Donner pour donner devrait être notre seul salaire ; si l'autre manifeste de la gratitude, notre salaire est double. Lorsque l'on donne, on devrait remercier l'autre intérieurement de l'occasion qu'il nous offre de faire parler la meilleure part de soi, celle qui se situe au-delà des attentes, du désir de possession et des rapports de force. Si l'on donne pour se valoriser, pour rendre l'autre dépendant ou bien pour recevoir en retour, le don cesse d'être un don, il se transforme en marchandage. Prenez le temps de savourer le plaisir du don, ressentez comme ce geste vous grandit, comme il dilate votre cœur. Libre de toute attente, vous faites l'expérience de la relation vraie. (F.M.S.)

La passion a fait place à la tendresse. Vous vous demandez si la flamme de l'amour n'est pas en train de s'éteindre doucement...

« L'amour change de forme, mais son essence demeure[7]*. »*

Au lieu d'accepter ce qui est, l'esprit procède par comparaison. L'amour aujourd'hui est moins intense qu'hier, demain il sera éteint. Pourquoi sauter si vite aux conclusions, pourquoi confondre l'essence et la forme ? La forme, c'est le contenant des sentiments, variable, changeant, instable par définition, tandis que l'essence est leur noyau dur, leur cœur. Comment pourraient-ils disparaître comme par magie s'ils sont authentiques, si l'on a pris soin d'eux au jour le jour. Aussi la question que l'on devrait se poser est : « Ai-je pris soin de l'amour ? » Et non : « Cet amour n'est-il pas en train de mourir ? » La passion séduit car elle sort littéralement l'être de lui-même et l'emporte dans un tourbillon d'émotions incontrôlables... Mais cet état peut-il durer indéfiniment ? Non. Et cela est souhaitable : qui voudrait passer sa vie dans une montagne russe ?!

Souhaiter que perdure un état émotionnel revient à souhaiter vivre indéfiniment dans l'enfance. On peut en être parfois nostalgique mais cultiver la nostalgie nous prive cruellement de la richesse du moment présent. L'impermanence de la forme est la loi à laquelle tout ce qui est vivant est soumis. Pourquoi et comment pourriez-vous y échapper ? En revanche, vous pouvez agir sur ce qui est. Ici et maintenant. Prendre soin de cet amour qui est précieux pour vous, vous dépouiller des habitudes qui sont peut-être en train de l'asphyxier, oser vivre chaque jour comme si c'était et le premier et le dernier.

C'est aussi cela aimer. (F.M.S.)

Être parent

Au lever, votre enfant lambine pour prendre son petit déjeuner et, lorsque vous lui demandez de s'habiller, il vous répond : « Attends, pas tout de suite... »

« Ici et maintenant[10]*. »*

Si vous dites : « On va être en retard », vous énoncez une menace que l'enfant ne comprend pas. Pour occuper sans angoisse le moment présent, délimitez un cadre réaliste de gestion du temps : l'heure du lever, le temps nécessaire pour s'habiller, pour manger, etc. Si l'enfant est trop petit pour se débrouiller seul, accompagnez-le sans le presser, en lui expliquant ce qu'il fait. S'il est plus grand, faites-lui part du timing. L'important est de donner à votre enfant un cadre sûr, dans lequel il pourra exercer ses premières responsabilités. « Ici et maintenant » nous invite à occuper pleinement le seul temps dont nous sommes maîtres : le moment présent. La peur et le stress sont des inventions de la pensée qui se projette ; le retard est une conséquence d'un présent mal habité. Pour les enfants, seul le moment présent existe. C'est la grande force de l'enfance qui ignore les ruminations du passé et les projections angoissées sur le futur. (F.M.S.)

Avec votre enfant, les courses au supermarché sont cauchemardesques. Il court partout, réclame des bonbons, s'éclipse au rayon des jouets, trépigne à la caisse...

« Si vous voulez lui apporter le calme,
soyez vous-même le calme[6]. »

Avant de chercher la cause d'un problème à l'extérieur, regardez ce qu'il en est de vous-même... Votre enfant est agité et dispersé ? Qu'en est-il de vous ? Commencez par vous regarder sans complaisance avant d'essayer de changer celui que vous avez en face de vous. L'agitation et la dispersion sont des poisons violents. Ils témoignent de notre incapacité à rester tranquilles avec nous-mêmes. L'esprit serein est comparable au fond de l'océan qui n'est pas troublé par la houle et la tempête qui font rage à la surface. Autre piste : ce temps de courses vient-il après une longue et fatigante journée de travail pour vous et d'école pour lui ? Si c'est le cas, acceptez de prendre un peu de temps ensemble pour vous mettre la tête au vert : faites un tour à pied pour décompresser. Avant de rentrer dans le supermarché, prévenez-le : s'il court dans tous les sens, il sera puni. Il est important que la règle et la sanction soient énoncées à l'avance, dans le calme et non dans la colère de l'instant. (F.M.S.)

Au square, il a tendance à faire le bébé et à rester accroché à vos jupes. Il a peur de se lancer, de s'éloigner de vous, et ne joue pas avec les autres enfants de son âge.

« Qui étiez-vous hier ? Qui serez-vous demain [6] ? »

Si votre enfant régresse, c'est qu'il est au seuil d'une nouvelle étape de croissance et va abandonner ce qu'il connaît pour plonger dans l'inconnu. Pour l'aider à être lui-même, il faut entendre sa peur puis essayer de la comprendre. Le zen dit que l'expérience est notre seul maître et que nous ne pouvons témoigner ou aider qu'à partir de ce que nous avons expérimenté. Aussi, pour permettre à votre enfant d'affronter ses craintes, vous lui parlerez des vôtres au même âge. Vous lui parlerez ensuite des avantages qu'il y a à grandir : connaître de nouvelles personnes, apprendre de nouvelles choses, avoir plus de liberté, etc. L'important, c'est d'être dans ce double mouvement : accueillir sa peur et, à l'aide d'exemples, lui montrer comment la dépasser. Notre nature profonde, c'est-à-dire notre nature libérée des illusions de l'ego et des pièges de la peur, est parfaite telle qu'elle est. En clair, pour le zen, nous n'avons pas à nous transformer ni à faire des efforts pour devenir plus ou mieux. (F.M.S.)

Il se réveille en pleurant et vous appelle plusieurs fois dans la nuit parce qu'il a soif, trop chaud, envie d'être pris dans vos bras, parce qu'il a fait un cauchemar...

« En prenant soin de chaque instant,
nous prenons soin de toute la vie [6]. »

Les enfants expriment avec leur corps les cauchemars, la peur de s'endormir, toutes les émotions et les appréhensions qu'ils ne peuvent mettre en mots. Pour le zen, nos peurs sont toujours l'expression de projections angoissées dans le futur. En revenant à la réalité du moment présent, au cœur même de l'angoisse, nous la dissipons. Le zen dit aussi : *Jour après jour, c'est un bon jour* ; c'est-à-dire qu'en prenant soin de chaque instant, minute après minute, en regardant la réalité du moment (et non en imaginant ce que les choses pourraient être ou devraient être), nous stabilisons nos émotions et nous avançons d'un pas sûr dans l'avenir. Pour les petits nerveux ou les anxieux, on peut pratiquer tous les soirs à la même heure la « bulle de calme » : installez-vous dans la chambre de l'enfant, lui assis dans son lit, vous assis à côté de lui ou par terre. Apprenez-lui à se relaxer (« Fais-toi tout mou comme un ballon dégonflé »). Demandez-lui ensuite de fermer les yeux, d'inspirer doucement et profondément par le nez et d'expirer par la bouche, une dizaine de fois. Dans tous les cas, il est important de lui dire qu'à son âge vous aviez les mêmes peurs, que vous faisiez aussi des cauchemars et que cela passe en grandissant. Le sentiment de sécurité de votre enfant sera renforcé par votre témoignage. Dans le zen, la transmission se fait *I Shin Den Shin* (de mon esprit à ton esprit), c'est-à-dire dans la vérité. Dites-lui aussi que la nuit est faite pour que son corps reprenne des forces, pour que son esprit se repose... et que vous aussi avez besoin de vous reposer mais qu'en cas de problème vous n'êtes pas loin... (F.M.S.)

Vous rentrez du travail fatigué. Votre enfant rentre de l'école avec des dizaines de questions pièges, du genre : « Pourquoi le ciel est-il noir la nuit ? », « D'où vient le vent ? »...

« Lorsque vous ne connaissez pas la réponse à la question d'un enfant, faites le chemin ensemble pour la découvrir. »

Toute question posée par un enfant est une formidable façon d'apprendre soi-même de nouvelles choses. Mais un père fatigué a le droit d'expliquer à son enfant qu'il a besoin de se détendre un peu avant de l'aider ou de répondre à ses questions. Si vous ne connaissez pas la réponse, ne racontez surtout pas n'importe quoi pour avoir la paix ! Proposez de chercher avec lui les réponses une demi-heure plus tard en ajoutant qu'il serait plutôt cool d'aller ensemble regarder des livres ou de visiter un ou deux sites sur Internet consacrés à la science ou aux grandes questions de la vie... (E.P.)

Dimanche après-midi, il fait beau et vous aviez prévu de faire une promenade mais votre enfant refuse de décoller de la télé et veut regarder des vidéos...

« Ne lui reprochez pas de prendre son temps parce que vous ne savez pas prendre le vôtre. »

Il peut arriver que, tout comme un adulte, un enfant ait envie de se cocooner, de rester chez lui, de se sentir en sécurité ou de ne pas être obligé de faire quelque chose... Peut-être aussi est-il fatigué ? Si ce n'est pas une situation répétitive, on peut proposer plusieurs solutions : regarder une vidéo en famille et ensuite faire une petite balade tranquille et plus courte. Vous pouvez parler à votre enfant de votre propre envie, et même du besoin physique, d'aller marcher et respirer. Dans tous les cas, un père zen doit avoir déjà fait comprendre à ses enfants pourquoi la marche – la promenade – est importante (voir p. 69). (E.P.)

Journée de contestation : il dit non à tout !

« Il est inutile de courir après le calme.
Il suffit de se laisser rattraper [1]. »

Situation typique qui demande d'avoir une certaine maîtrise du calme ! Cependant, tout dépend de l'âge : s'il a environ 18 mois, il s'oppose à tout ce que les parents peuvent dire ou faire en lâchant des non péremptoires et en poussant des colères fréquentes. Ce genre d'opposition aide l'enfant à définir sa propre indépendance. En principe, pendant cette même période, il sait aussi être affectueux et coopératif : il essaye ses sentiments négatifs et positifs. Lorsqu'il a entre 4 et 5 ans, il prend conscience qu'il peut manipuler ses parents, lutter contre un rival (une sœur, un camarade) et il observe le résultat de ses actes agressifs. Pendant cette période, ses peurs sont démultipliées (cauchemars, peur du chien du voisin, etc.). Un père zen doit montrer comment il négocie avec ses propres peurs et sa propre agressivité. Par exemple, en voiture, il peut dire à son petit garçon : « Je foncerais bien dans cette voiture qui traîne mais je ne le fais pas. Je me contrôle en marmonnant des choses pas gentilles… » (E.P.)

Une dispute terrible éclate entre les frères : l'aîné ne veut pas prêter un de ses jouets à son petit frère.

« Comment pouvez-vous gérer un conflit entre vos enfants si vous-même ne savez pas gérer vos conflits intérieurs [3] ? »

La rivalité et les disputes entre frères et sœurs sont un aspect normal d'une vie de famille. Mais l'objectif inconscient du plus grand est d'impliquer le parent dans la dispute et de lui faire prendre parti pour l'un ou pour l'autre. Comme il est généralement impossible de savoir qui a commencé (sauf en cas de véritable pugilat), le mieux est de dire : « C'est votre dispute, pas la mienne. Débrouillez-vous pour vous en sortir tout seuls et en faisant le moins de bruit possible. » Le petit doit être en âge de parler et de se défendre et ce principe ne peut pas s'appliquer dans une famille à problèmes. Un père zen doit avoir une sorte de détachement sur ces disputes et doit savoir poser des limites quant au niveau sonore des cris. (E.P.)

Il revient très contrarié de l'école et déclare qu'il ne veut plus y aller : il s'est disputé avec son meilleur copain et s'est fait punir par la maîtresse alors que, affirme-t-il, ce n'est pas sa faute.

« À un enfant énervé, montrez des gestes mesurés,
ralentissez vos mouvements,
apaisez votre pensée
et laissez-le entrer dans votre bulle de sérénité [3]. »

Il a 5 ou 6 ans, et peut déjà parler très correctement. Aussi, allumez une bougie et faites-le parler le plus longuement possible de son expérience. Un père peut raconter à son enfant que lui aussi a vécu ce genre d'expérience de dispute qui a mal fini, de punition injuste. Expliquez-lui que ce sont des expériences normales de la vie, que la colère et les cris ne sont jamais les meilleures solutions pour résoudre les problèmes, que la violence mène toujours à des catastrophes. Vous pouvez lui expliquer, sans le culpabiliser, que cette dispute a eu un résultat immédiat et qu'il en est malheureux. Proposez-lui d'allumer une petite bougie pour son meilleur copain qui ne doit pas se sentir bien, lui non plus. (E.P.)

Ce soir, il essaye de retarder l'heure du coucher, bougonne, réclame qu'on lui lise des histoires...

*« Ne pas savoir poser de limites,
c'est ne pas savoir regarder l'horizon [3]. »*

Si la situation n'est pas répétitive, vous pouvez lui accorder dix ou vingt minutes supplémentaires, en étant le plus clair possible : vous lui expliquez que vous avez compris qu'il a envie de rester avec vous, que cela vous fait plaisir (eh oui !) et que vous vous accordez un petit temps supplémentaire pour rester ensemble. Mais soyez ferme sur le temps que vous accordez, le fait qu'il s'agit d'une situation exceptionnelle et que vous posez une limite : par exemple en lui racontant une histoire et pas deux. Votre enfant doit vous signifier qu'il est d'accord avec votre proposition. (E.P.)

Vos enfants rentrent à la maison systématiquement en retard, avec toujours de bonnes excuses...

*« Quand vous laissez votre enfant faire la loi,
vous faites de lui un hors-la-loi [6]. »*

Dans la famille, comme dans la société, la loi protège les individus. Elle donne à la fois des droits et des devoirs. Dans les monastères zen, les horaires sont scrupuleusement respectés. Cette soumission de l'individu a pour but de faire émerger la prise de conscience que chacun est responsable du Tout. L'ego se plie sous l'intérêt collectif, donnant ainsi au Soi une plus grande liberté. En famille, il est du devoir des parents de faire respecter la loi. L'enfant doit faire l'apprentissage progressif de la responsabilité. Lorsqu'un contrat est passé entre deux parties – « Je t'autorise à aller au cinéma avec tes amis ou à faire une promenade, à condition que tu sois rentré à la maison à telle heure » –, il faut que les termes du contrat soient respectés. Si ce n'est pas le cas, il ne faut pas hésiter à poser une sanction. Les enfants testent perpétuellement la capacité de leurs parents à leur poser des garde-fous. Si ceux-ci sont élastiques ou arbitraires, c'est l'équilibre psychique de l'enfant qui est menacé. Plus les consignes sont claires, cohérentes et assorties de sanctions, mieux l'enfant apprend à cheminer dans le monde avec confiance. (F.M.S.)

Malgré tous vos efforts, votre enfant continue de manger comme un cochon !

« Votre enfant doit sentir que vous savez ce qui est bon pour lui[6]. »

Ne baissez pas la garde ! Ce que l'on appelait autrefois les « bonnes manières » ne sont pas autre chose que l'expression du respect de soi et des autres. Vers huit ans, lorsque l'enfant est en âge de comprendre, expliquez-lui que bien se tenir à table est du même ordre que dire merci, s'il te plaît ou pardon. Piquer du nez dans son assiette pour attraper gloutonnement la nourriture à peine posée sur la fourchette vaut pour les chiens, les chats ou les oies dans leur mangeoire. Pas pour les humains. S'accouder et mastiquer bruyamment revient à dire à autrui : « Tu n'existes pas pour moi ! » Aux ados, vous pouvez d'abord leur expliquer qu'une posture avachie ne facilite pas la digestion ; ensuite, que manger comme un cochon ne donne pas vraiment une belle image de soi. Souvent les enfants se tiennent mal car les parents, occupés à leur discussion, les excluent du repas familial. Essayez donc de manger dans le calme, sans parasites (ni radio ni télévision), commencez à manger quand tout le monde est servi, réservez les grandes discussions passionnées ou les mises au point éducatives à un autre moment. Les repas ont perdu leur sens premier : le partage. Or, on ne partage que si l'on est présent à soi-même, dans le calme et la vigilance. Et lorsqu'on est, soi-même, capable de donner l'exemple d'une bonne tenue ! (F.M.S.)

Vous ne voyez votre fils qu'un week-end sur deux. Vous aimeriez être un père modèle, un papa cool – sinon zen ! –, mais vous ne savez pas comment vous y prendre.

« Ne soyez pas plus exigeant avec votre enfant que vous ne l'êtes avec vous-même [3]. »

Il n'y a pas de modèle éducatif zen au sens où on l'entend en Occident. Pas de principes balisés par la pédopsychiatrie, pas de dogmes psychanalytiques, pas de préceptes psychologiques mais seulement une façon de montrer l'exemple en étant soi-même, conscient de chacun de ses gestes, de chacune de ses attitudes. Non parce qu'on les aura appris ou parce qu'ils nous auront été imposés par notre propre père mais parce que nous les aurons expérimentés par nous-mêmes et que nous aurons pu éprouver leur justesse. Être un père modèle, c'est tout simplement être un père qui montre l'exemple. Mais ce n'est pas non plus l'école du laisser-aller, du laisser-faire, des non-repères. Être authentique évite de vouloir être ce père idéal qui, inéluctablement, aura toujours peur de ne pas bien faire ou de ne pas assez bien faire. Ce qui mène toujours à vouloir en faire trop. Les enfants détestent ce genre d'attitude. Et ils ont raison : c'est exactement l'inverse de la philosophie zen... (E.P.)

Quoi que vous disiez, votre ado n'est jamais d'accord avec vous. La moindre remarque, et c'est l'opposition systématique.

« Riez de vous-même dès que vous le pouvez.
Vous êtes, pour vous-même,
le meilleur exemple à ne pas suivre [3]. »

Inutile de vous poser des questions du genre « Pourquoi ? », « Qu'est-ce qu'on a fait pour mériter ça ? », « A-t-on été trop sévère ? », ni de céder à la colère : ce n'est pas de l'hostilité gratuite. Pour un ado, c'est une nécessité ! Il a besoin, pour accéder à l'autonomie, de s'opposer pour trouver sa propre place. Ne soyez surtout pas trop permissif car il a aussi besoin qu'on lui résiste. Ne le laissez pas trop faire en le recadrant sur les propos trop injurieux, sur une attitude trop violente ; mais ne soyez pas trop sévère non plus. Le mieux est de pratiquer l'humour en ne prenant pas trop au sérieux ses accès d'humeur, même s'il est odieux. Des parents zen savent rire d'eux-mêmes, de leurs propres attitudes : c'est une façon de prendre du recul par rapport à soi-même pour résoudre certains conflits intérieurs inutiles. Montrez donc à votre ado qu'il est possible d'acquérir son autonomie et de s'affranchir de vous sans recourir à la violence. (E.P.)

Il passe son temps avec ses jeux vidéo. Cela vous inquiète et vous met parfois hors de vous. Vous ne savez plus quoi lui dire.

« Jouer avec son enfant, ce n'est pas "régresser".
C'est partager un moment de créativité [3]. »

Peu de parents s'intéressent vraiment aux jeux vidéo de leurs enfants. Première chose à faire : demandez à votre ado de vous montrer ses jeux, de vous expliquer comment ils fonctionnent. « Cela a l'air intéressant, j'ai envie d'essayer... » Vous intéresser à ce qu'il fait et tester par vous-même des jeux vidéo va certainement vous demander une bonne dose d'humilité, mais vous avez tout à y gagner. En revanche, s'il joue en réseau (en ligne, sur Internet, avec des dizaines d'autres joueurs connectés), vous pouvez lui demander qu'il vous en parle mais il vous sera plus difficile de vous lancer. Et il y a fort à parier que votre ado n'aimerait pas vous retrouver dans sa communauté de joueurs ! Sachez, dans ce cas-là, que les jeux en réseau ne sont pas, comme on pourrait le croire, forcément « enfermants » : bien dosés, ils peuvent aussi être un facteur de socialisation. Lorsque vous aurez fait ce premier pas, proposez à votre enfant d'autres activités de détente (piscine, promenade...) en lui expliquant calmement que tout être humain normalement constitué a besoin de s'aérer. Ajoutez que l'on devient adulte lorsqu'on est capable de gérer son temps et son énergie. Dans tous les cas, ne supprimez jamais les jeux, la connexion Internet et encore moins l'ordinateur. Vous feriez pire que mieux. (E.P.)

Votre ado devient épouvantable lorsqu'il s'agit de se rendre à un repas de famille. Il refuse et vous avez épuisé tous les arguments possibles, rien n'y fait. C'est même de pire en pire !

« À trop vous justifier, vous perdez votre autorité et votre crédibilité [6]. »

N'utilisez qu'un argument, et un seul : « Tu n'as peut-être pas envie de voir ta famille mais ta famille, elle, a plaisir à te voir. Voilà pourquoi il est normal de donner un peu de temps à ses proches. » C'est tout ce qu'il sera capable d'entendre. Ce rejet de la famille est une période obligée chez un adolescent : d'abord, son besoin de grandir, d'être autonome, lui fait fuir tous ceux qui pourraient encore le considérer comme un petit et donc le tirer vers sa petite enfance. Ensuite, il a besoin de construire sa propre vie sociale. C'est pourquoi il peut même aller jusqu'à préférer assister aux repas de famille de ses copains ! Si vos réunions familiales sont fréquentes, respectez son besoin d'indépendance et laissez-le échapper à certaines d'entre elles qui, de toute façon, vont l'ennuyer à mourir. S'il n'y en a que deux ou trois obligatoires par an, ajoutez que ce sera une bonne occasion pour lui de montrer aux autres comme il grandit bien. (E.P.)

Elle s'est mise dans une rage folle parce que vous avez lu son courrier.

« Avoir un coin à soi, pour un enfant, est aussi important que pour un adulte d'avoir une vie à soi[3]. »

Pour un adolescent, voir son intimité investie par l'un de ses parents est l'une des pires choses qui puisse lui arriver. Même relativement petits, les enfants ont besoin de sentir qu'il existent par eux-mêmes, de sentir qu'ils ont une vie propre. Chez les adolescents, filles ou garçons, c'est proprement une question de survie ! Si, par hasard ou sciemment, vous avez lu le courrier de votre enfant (lettre, mail ou Texto), il ne reste plus qu'à vous en excuser et promettre de ne plus recommencer. Sauf dans le cas où l'une de ses relations est pour vous un sujet d'inquiétude. Auquel cas vous vous devez d'en parler ouvertement et de confier vos craintes en expliquant que ce n'était pas de votre part de la curiosité mais un moyen pour soulager votre angoisse. (E.P.)

Quand vous lui parlez d'obéissance, il se met à rire bêtement...

« N'ayez pas peur de poser vos limites.
L'autorité est souvent
une nouvelle chance pour la communication[3]. »

« Les ados ne respectent plus rien ! » Détrompez-vous ! Les ados ont beaucoup plus le sens du respect et le besoin d'autorité que vous ne l'imaginez. Pour ce qui concerne le respect, si vous-même respectez vos enfants, si vous-même montrez l'exemple du respect pour les autres, la vie, l'environnement, ce sera une attitude naturelle chez eux. Respectez votre ado, il vous respectera. Ne confondez pas l'obéissance avec l'autoritarisme qui prévalait autrefois et s'exprimait à coups de « parce que c'est comme ça, il n'y a pas à discuter ! » : les temps ont changé. Évitez d'exercer le pouvoir pour le pouvoir sous prétexte que vous êtes un adulte : posez des limites lorsqu'elles sont utiles, lorsqu'elles sont nécessaires pour sa sécurité, pour la vie de famille et en expliquant chaque fois pourquoi vous les posez. Vous pouvez même entamer une discussion sur le bien-fondé des heures de coucher, des heures de sortie... Écoutez ce qu'il vous dit, trouvez un terrain d'entente auquel il devra se tenir. C'est ainsi que, peu à peu, vous lui apprendrez ce qu'est la responsabilité. (E.P.)

Elle est descendue de sa chambre maquillée comme un camion volé... Choquée, vous la trouvez d'une vulgarité à toute épreuve et vous le lui dites.

« Exprimer ses émotions n'autorise pas à juger.
Vous seul êtes responsable de votre colère
ou de votre ressentiment[6]. »

Votre fille, excessivement maquillée, vous paraît certainement vulgaire. Peut-être même auriez-vous envie de la qualifier de fille facile. N'en faites rien ! Il y a mille raisons pour lesquelles une adolescente abuse du maquillage : elle veut se sentir femme, faire comme ses copines, se cacher derrière un masque, s'affirmer ou tout simplement être séduisante... Dans tous les cas, n'oubliez pas qu'elle n'a encore jamais utilisé ces produits cosmétiques et ne maîtrise donc pas l'art du maquillage ! Vous aussi êtes passée par là. Ne portez pas atteinte à son intégrité en la dévalorisant et en portant un jugement. Vous pouvez lui dire que vous la préférez au naturel, que vous la trouvez beaucoup plus jolie sans maquillage mais vous pouvez aussi lui proposer de la maquiller vous-même ou de lui offrir une séance dans un institut de beauté qui trouvera les cosmétiques adaptés à son teint, à ses yeux... (E.P.)

Il ne dit rien. On ne sait même plus ni ce qu'il veut, ni ce qu'il fait et encore moins ce qu'il pense !

« Vous ne pouvez pas forcer une graine à germer mais vous pouvez lui offrir les meilleures conditions pour lui donner envie de germer[3]. »

Sans aucune raison apparente, votre ado devient un véritable mur... Inutile de paniquer : il n'y a, justement, aucune raison ! Les périodes de mutisme, qui vont et viennent au gré du vent, sont des passages obligés qui plongent tous les parents du monde dans la plus grande perplexité. Ne le forcez pas à parler : toute tentative de dialogue et toute question seront prises automatiquement comme un viol de son intimité. C'est pendant ces périodes de silence, souvent hébété, parfois zen (parfois moins, mais cela ne dépend que de vous !), que l'ado se construit, qu'il met ses idées en ordre, qu'il essaye de coller des mots à ce qu'il ressent, à tout ce qui s'agite à l'intérieur de lui. Ce sont des phases de crise existentielle pendant lesquelles il apprend à régler lui-même ses propres problèmes. Respectez-le. Testez votre coefficient de patience pendant les repas quasi monastiques. Testez votre coefficient de présence en étant vous-même sans l'envahir. Et ne tentez surtout pas de jouer au « parent copain » à qui on dit tout : vous courez à la catastrophe ! En revanche, vous pouvez créer les bonnes conditions de son épanouissement en lui disant que vous respectez son silence mais que, sur certains points, vous ne céderez pas sur votre responsabilité de parent : vous pouvez exiger de savoir à quelle heure il rentrera pour le dîner, de vous dire à quelle heure se termine la classe, chez qui il va dormir, s'il n'a pas de problèmes qui engageraient la vie de la famille, etc. (E.P.)

Ils passent leur temps sur leur portable avec leurs copains et leurs copines !

« Portable éteint, esprit serein [3]. »

Il ne faut pas oublier que nos enfants font partie de la « génération portable » et que, pour eux, il n'y a rien de plus naturel que de vivre collé à son téléphone... Au moindre coup de blues, de stress, de conflit avec ses parents, rien de plus pratique ! En cas d'abus, ne supprimez pas le portable. Hormis le recours aux forfaits limités, ce que tous les parents connaissent, vous pouvez avoir recours à une limitation horaire : portable éteint pendant les heures de repas, pendant les sorties familiales, pendant les devoirs... Vous pouvez parfaitement justifier vos demandes en expliquant que vous avez besoin de vous retrouver en famille pour échanger et qu'il a besoin d'avoir l'esprit libre pour travailler. Vous pouvez aussi ajouter un argument de poids : même si votre enfant vous jure par tous les grands dieux qu'il attend un appel urgent, il faut savoir que quasiment toutes les communications téléphoniques entre ados ne concernent que des banalités de la vie quotidienne. (E.P.)

Ça y est ! Une fille lui fait tourner la tête. Il ne pense plus qu'à ça...

« Une étiquette négative enferme,
une étiquette positive enferme.
Ouvrez grandes les fenêtres, ne jugez plus [6] *! »*

Pour une mère, voir son fils happé par une petite copine est souvent insupportable. Surtout si c'est la première fois. Même celles qui se disent larges d'esprit ne peuvent échapper à cette rancœur plus ou moins réprimée qui conduit inéluctablement à critiquer, ouvertement ou par-derrière, celle qui s'est approprié son enfant. C'est pourquoi elle aura souvent un mauvais genre, n'aura rien dans la tête, sera mal fagotée, aura l'air plus vieille que lui, ne sera pas d'un milieu convenable, sera vulgaire... et ainsi de suite. Quoi qu'il arrive, ne jugez pas et gardez vos commentaires pour vous ! Toute parole contre – et même pour – une petite amie se retournera automatiquement contre vous. Si votre fils doit un jour remettre une relation en question, c'est à lui de le faire, pas à vous. (E.P.)

禪

Les grands rendez-vous de la vie

Vous passez un examen...

« Avez-vous remarqué qu'une simple feuille d'arbre peut masquer le soleil[4] ? »

Vous êtes angoissé, vous avez peur. Et il n'y a rien de plus normal à la veille d'un examen : la peur est à la base de l'existence humaine... Cela est si vrai que le zen fait du travail sur la peur une pratique à part entière... Bien sûr, il ne s'agit pas des peurs phobiques, qui relèvent alors de la pathologie, mais de la peur commune que la psychologie occidentale classe parmi les cinq émotions fondamentales propres à tout être humain (la peur, le désir, le plaisir, le dégoût, la colère).

Si fondamentale soit-elle, la peur prend tour à tour mille formes au gré de notre quotidien, faisant ostensiblement obstruction à l'apparition des rayons de bonheur. La peur de manquer, d'être seul, de ne pas être aimé, de disparaître (de mourir, de ne pas être reconnu, de ne plus exister socialement en étant au chômage...) et la peur de l'environnement (peur des autres, des situations nouvelles...) sont parmi les plus fréquentes, parmi celles que chacun d'entre nous éprouve plus ou moins fortement au cours de son existence. Un jour, un moine a demandé au Bouddha :

– Quel est le plus grand cadeau que tu puisses accorder à une personne ?

– Le don de l'absence de peur, répondit le Bouddha.

Pour le zen – tout comme pour les thérapies comportementales –, vous pouvez diminuer votre peur en l'identifiant, en l'affrontant et en l'écartant. L'entreprise est plus simple qu'il n'y paraît. Si vous vous connaissez suffisamment vous-même, vous pourrez identifier cette peur. Ensuite, comme on résout un problème courant de la vie, vous pourrez trouver en vous la bonne solution pour la minimiser, si ce n'est l'éliminer. (E.P.)

Vous devez passer un entretien d'embauche. À cette seule idée, votre cœur bat la chamade...

« Rien n'est grave, tout est essentiel[6]. »

Vous n'ignorez pas que le calme sera votre principal atout. La maîtrise de soi inspire la confiance mais c'est justement ce qui vous fait défaut ! Pas de panique. Quelques jours avant le jour J, prenez l'habitude de vous accorder trois séances de respiration anti-stress : inspirez profondément, sans forcer, par le nez, retenez deux ou trois secondes votre souffle puis expirez longuement, toujours sans forcer, par la bouche. La maîtrise du souffle est la voie royale qui mène à la maîtrise de soi. Ensuite, plutôt que de dépenser votre énergie à peaufiner le scénario de votre entretien, vivez-le dans le moment présent. Demandez à une personne de confiance de jouer le rôle de votre interlocuteur. Habillez-vous comme vous le feriez pour l'entretien et lancez-vous : exposez votre expérience professionnelle, vos attentes et vos compétences, sans forcer le trait ni tenter de convaincre. Pratiquez la voie du milieu, pas d'excès d'enthousiasme ni de fausse modestie. Soyez juste.

Vous pouvez également vous livrer à cet exercice devant un miroir. Enfin, chaque fois que votre esprit commence à « tricoter » un scénario, positif ou négatif, débranchez ! Revenez sans tarder à votre exercice de respiration consciente. Dites-vous que l'important n'est pas l'issue de cet entretien mais la façon dont vous l'aurez abordé et maîtrisé. (F.M.S.)

Vous passez à la télé !

« Être zen, c'est expérimenter en direct ce que les choses sont, et non ce que l'on croit qu'elles sont[1]. »

Ce genre d'accident peut, aujourd'hui, arriver à tout le monde. Jeu, plateau de témoignage, débat, émission de télé-réalité... Vous aussi pouvez, sous un prétexte ou un autre, être invité à passer à la télé ! Ce qui, il y a encore dix ou vingt ans, était un honneur et un privilège est, aujourd'hui, une banalité sans nom. Vous êtes invité, donc, dans une émission télé et, à la veille de cet événement, vous oscillez entre trac, panique et excitation. Il n'y a pas de quoi, vraiment. Si vous avez appliqué les conseils et pratiqué les exercices de ce livre, vous devriez être paré pour cette épreuve et vous saurez rester zen. C'est-à-dire vous-même. C'est d'ailleurs ce que vous vous entendrez dire par les animateurs, producteurs et assistants des émissions qui vous répéteront aussi souvent « soyez vous-même » qu'ils le pourront. Mais ne vous y trompez pas : la télé n'est pas la vraie vie, c'est un contexte artificiel. Quelle que soit la nature de l'émission ou la qualité des animateurs, vous vous retrouverez dans la même situation que des rats de laboratoire dans un labyrinthe. Figurez-vous que ces petits animaux ont une intelligence redoutable si bien qu'ils finissent toujours par faire ce que les chercheurs du labo attendent d'eux. Bien sûr, ils restent rats, mais agissent comme des rats sous observation. Donc, quoi que vous fassiez, face aux caméras (et même lorsqu'elles sont cachées), vous allez agir comme une personne sous observation.

Une bonne façon, alors, de rester soi-même est de renverser la situation et d'être soi-même l'observateur ! Comment ? En état de calme intérieur (que vous savez installer en vous d'une façon naturelle puisque vous pratiquez le zen), observez attentivement tout ce qui se passe autour de vous. Regardez chaque détail, comment les gens se comportent (c'est parfois édifiant, mais évitez de juger !), respirez calmement et observez toujours et encore plus en pensant que c'est vous qui, pour une fois, regardez la télé de l'intérieur et non la télé qui vous regarde. Cela vous permettra de prendre du recul sur vous-même, le trac, les émotions, la peur du regard des autres, votre image... (E.P.)

Vous déménagez...

« Le vrai bonheur, c'est lorsqu'on découvre.
N'ayez pas peur du changement.
Offrez-vous le plus souvent possible des "premières fois"[4]... »

Tout le monde le sait, un déménagement figure parmi les facteurs de stress importants de l'existence. Même si le déménagement a été espéré, attendu et désiré. Cet événement est à la fois une épreuve mentale (il faut penser à tout !), une épreuve physique et une épreuve émotionnelle (quitter un endroit dans lequel on a vécu est bien souvent source de regrets). La première chose à faire est donc de réduire les effets négatifs du stress en transformant cette triple épreuve en expérience positive. Or, justement, pour le zen, il n'y a rien de pire que la routine et les habitudes, qui engourdissent l'esprit. Déménager, c'est abandonner la plupart de nos habitudes et routines en très peu de temps. Autrement dit, vous pouvez commencer par considérer cet événement comme une véritable cure de jouvence pour votre esprit ! En outre, c'est aussi l'occasion de vous débarrasser du superflu, de ce trop qui encombre autant vos placards que votre esprit. Et si vous éprouvez le moindre sentiment de regret, la moindre ombre de nostalgie, focalisez-vous non pas sur l'endroit que vous quittez, mais sur celui dans lequel vous vous installez. (E.P.)

Vous êtes à la veille de votre mariage, ému, fébrile et... anxieux !

« Oser aimer sans garantie est la garantie d'un amour libre[7]. »

L'engagement fait peur car il nous demande de donner sans garantie en retour. Quelle assurance a-t-on en effet de faire le bon choix ? S'engager dans une relation, c'est accepter le connu et l'inconnu dans le même élan de confiance. Sans cette confiance, sans cet élan du cœur, il n'y a pas d'engagement. Dire oui à l'autre, c'est se dire oui à soi-même. On ne donne rien sinon ce que l'on possède déjà en abondance. Il y a des mariages que l'on fait par devoir, pour sa famille, pour ses amis, pour se donner un cadre ou pour donner du sens à sa vie. Mais le vrai mariage est d'abord intérieur. Il consiste à réunir toutes les parties de soi pour pouvoir rencontrer l'autre, dans sa différence et dans sa richesse. Une maxime zen dit : *Chaque occasion est la meilleure des occasions.* Chaque occasion offre la possibilité de mieux se connaître, de grandir, de se détacher des croyances encombrantes. De ce point de vue, voilà l'occasion d'expérimenter l'engagement. Ne vous projetez pas dans l'avenir, ne vous questionnez pas sur le bien-fondé de cette démarche, vous avez choisi d'avancer sur votre chemin avec cette personne, ne bridez pas votre élan. Considérez que vous êtes au début du chemin et non à l'arrivée. Votre mariage sera ce que vous en ferez... (F.M.S.)

Vous venez d'être licencié.

« Tout changement est douloureux : c'est la vie qui s'échauffe. Parfois même, c'est la vie qui s'éveille[4]. »

Voilà l'une des grandes catastrophes de la vie moderne, malheureusement de plus en plus fréquente. Le choc de cette annonce amorti, le désespoir s'installe. C'est le moment de mobiliser toute votre attention à vous-même pour appliquer l'essence de l'enseignement du zen : être soi-même. Un licenciement, pour beaucoup, c'est d'abord vivre une période de honte, de culpabilité et se sentir exclu, rejeté par le monde du travail. Ne laissez pas s'enraciner cette honte et cette culpabilité – pourtant bien normales – et considérez que ce n'est pas vous en tant qu'individu qui avez été évincé mais un système qui s'est séparé d'un élément. Or, les systèmes se moquent bien des individus ! Vous, en tant que personne, continuez à vivre avec votre propre identité, vos propres ressources, votre propre potentiel, vos propres qualités. Passé l'accablement, mobilisez toutes vos ressources intérieures pour activer, et même accélérer le changement. C'est une période difficile, insécurisante, cruelle parfois, mais pendant laquelle vous pouvez profiter d'un moment de retrait et de repos pour vous refaire intérieurement et faire le deuil d'une vie désormais passée pour vous engager dans une nouvelle. Si vous cultivez l'attention, la sérénité, la confiance, vous trouverez, sur votre chemin, tous les éléments et les signes pour comprendre que, pour vous, un changement était probablement nécessaire pour évoluer. (E.P.)

Votre décision est prise : vous allez divorcer.

« Partir sans avoir procédé à l'inventaire complet des lieux revient à refermer derrière soi une maison qui abritait peut-être un trésor[8]. »

Lorsqu'on s'apprête à quitter une personne avec qui l'on a vécu, on fait l'expérience déstabilisante du conflit émotionnel. Les émotions contradictoires s'affrontent, chagrin et soulagement, tristesse et rancœur, sentiment d'échec et désir d'aller de l'avant. Reconnaître la réalité de ces émotions est nécessaire avant de poursuivre son chemin. Vient ensuite le face-à-face avec soi-même : Qu'ai-je mis dans cette relation ? De quoi l'ai-je privée ? Quelles étaient mes peurs et mes attentes ? Quel rôle ai-je joué ? Quels droits ne me suis-je pas accordés ? Si on ne prend pas le temps de visiter chaque pièce de la relation que l'on quitte, on s'expose à rejouer le même scénario avec une personne différente. Un état des lieux honnête barre le chemin à la rancœur et au chagrin stérile. Il faut accepter l'idée que chacun porte sa part de responsabilité dans l'échec d'un mariage. *Que la souffrance devienne une médecine*, répétait Kyong Ho. Pour cela, nous n'avons pas d'autre choix que de considérer nos erreurs comme des leçons de vie. Sans culpabilité ni complaisance. (F.M.S.)

Face à la mort...

« Hier n'est plus, demain n'est pas encore[9]. »

Perdre un être cher nous plonge dans le chagrin et nous confronte à ce qui est pour nous la plus insupportable des vérités : nous devons tous, un jour ou l'autre, quitter ce monde. Le but de toutes les traditions spirituelles est de donner du sens à cet instant ultime.

Le bouddhisme considère la mort comme le plus grand changement auquel nous soyons confrontés. C'est pour cela que sa pratique prépare ceux qui s'engagent dans cette voie au quotidien. *Tandis que vous vivez, souvenez-vous que vous mourrez,* dit un précepte zen. C'est-à-dire apprendre jour après jour à ne pas s'attacher à la forme, accepter que tout soit voué à la transformation et surtout vivre en pleine conscience le moment présent. La seule chose dont nous soyons sûrs, c'est qu'il nous faudra passer par le chagrin, vivre le temps des larmes. Demain. Mais aujourd'hui, il nous faut vivre chaque seconde avec soi-même, avec l'autre qui s'apprête à nous quitter. Le moment présent est notre seul trésor, notre seule assurance. Le chagrin le plus noir naît de l'impression d'avoir gaspillé des occasions, d'avoir dilapidé son temps. Aussi, ne laissons pas filer une miette de notre vie. (F.M.S.)

Références des citations de cette partie : 1. Erik Pigani, in *Soyez zen.* 2. Erik Pigani, in *Soyez yang.* 3. Erik Pigani, in *Papa zen.* 4. Erik Pigani, in *Le Petit Zen du bonheur.* 5. Erik Pigani, in *L'Art zen du temps.* 6. Flavia Mazelin, in *Maman zen.* 7. Flavia Mazelin, in *Le Petit Zen de l'amour.* 8. Flavia Mazelin, in *Le Petit Zen du travail.* 9. Flavia Mazelin, in *Vivre zen à deux.* 10. Dictons ou kôans zen. 11. Dôgen Zenji.

Petit glossaire du bouddhisme zen

Bodhi : état de Bouddha (éveillé), accès à la suprême connaissance.

Boddhidharma : 28e patriarche et fondateur du zen.

Boddhisattva : Être éveillé qui renonce à entrer dans le nirvâna tant que les autres êtres ne seront pas sauvés.

Bonno : illusion.

Bouddha : l'Éveillé, le Réalisé.

Chado : la Voie du thé.

Chan : équivalent chinois du sanskrit *dhyana*, méditation. Nom de l'école fondée par Boddhidharma, traduite en japonais par *zen*.

Dharma : loi cosmique, doctrine du Bouddha, la Voie, état général des choses (le *dharma* est le concept central du bouddhisme).

Dhyana : méditation, concentration dans le recueillement.

Do : la Voie.

Dojo : lieu de pratique de la Voie (*Jo* : lieu).

Eiheiji : temple fondé par maître Dôgen en 1243.

Fuse : don sans esprit de profit ni but.

Gassho : geste de salutations mains jointes.

Gyo Jite Gaku : « Par la pratique on apprend. »

Hishiryo : pensée au-delà de la pensée, de *hi* (au-dessus) et *shiryo* (penser).

I Shin Den Shin : transmission d'esprit à esprit ou de mon âme à ton âme.

Jiriki : la force personnelle pour atteindre l'éveil.

Kai : précepte.

Kenshô : réalisation de soi. Être capable de voir dans sa propre nature.

Kesa : vêtement de moine confectionné à l'origine par le Bouddha avec de vieux morceaux de tissu. Le *kesa* est le symbole de la transmission du maître au disciple.

Ki : écriture japonaise du *qî* chinois, écrit aussi *ch'i*, l'énergie vitale qui anime l'Univers et les êtres.

Kin-hin : méditation marchée.

Kôan : phrase paradoxale destinée à bousculer la routine de l'esprit et conduire à l'Éveil.

Kontin : état d'assoupissement pendant la méditation. De *kon* (obscurité) et *tin* (sombrer).

Kyosaku : bâton de l'Éveil.

Makyô : vision mystérieuse ou rêve apparus au cours d'une méditation.

Mondo : dialogue sur le bouddhisme ou un problème de l'existence entre maîtres ou entre maîtres et élèves.

Mu : la vacuité.

Mu Soku Wu, Wu Soku Mu : « Rien égale Tout, Tout égale Rien. »

Mujo : impermanence.

Mushotoku : sans but ni esprit de profit.

Oryoki : repas rituel monastique pendant lequel on mange dans trois bols. Désigne également l'ensemble des trois bols.

Rinzai : première école zen japonaise fondée par Myôan Yôsai.

Rôshi : vénérable maître, moine ou laïque.

Sampai : salut de prosternation.

Samu : travail manuel.
Sangha : communauté du Maître et de ses disciples.
Sanzen : entretien avec le Maître.
Satori : état d'Éveil, prise de conscience.
Sensei : appellation respectueuse de l'enseignant.
Shijjo : les trois coups annonçant *zazen.*
Shikantaza : seulement s'asseoir, ou méditer sans s'aider de technique.
Shin : esprit, âme, cœur.
Shojin-ryori : cuisine aux légumes des monastères.
Sôtô : l'une des deux grandes écoles zen, introduite au Japon par Dôgen au XIIIe siècle.
Sunyata : la vacuité, l'état du Vide.
Sûtra : texte sacré.
Tenzo : cuisinier en chef.
Zafu : coussin rond rempli de kapok, sert à la méditation assise.
Zanshin : vigilance.
Zendô : salle de méditation.

禪

Bibliographie

Les Dits du Bouddha : le Dhammapada, Albin Michel, 2004.

Le Goût du zen, recueil de propos et d'anecdotes, Le Promeneur, 2000.

Le Sûtra du diamant, traduction Philippe Cornu, Fayard, 1977.

Le Recueil de la Falaise verte. Kôans et poésies du zen, traduits et présentés par M. et M. Shibata, Albin Michel, 2000.

Paroles zen, choisies et présentées par Marc de Smedt, Albin Michel, 1994.

365 jours zen, Le Courrier du Livre, 2000.

BORJA Erik, *L'Esprit zen dans nos jardins*, Éditions du Chêne, 2005.

BROSSE Jacques, *Maître Dôgen, moine zen, philosophe et poète*, Albin Michel, 1998.

BROSSE Jacques, *Les Maîtres zen*, Albin Michel, 2001.

BROSSE Jacques, *L'Univers du zen, histoire, spiritualité et civilisation*, Albin Michel, 2003.

CRÉPON Pierre, *Les Fleurs de Bouddha, anthologie du bouddhisme*, Albin Michel, 1991.

DAIDO LOORI John, *Célébrer la vie au quotidien, la pratique du zen chez soi*, BD Lys, 2003.

DAIDO LOORI John, *La Rencontre de la réalité, la voie du zen*, BD Lys, 2003.

DESHIMARU Taisen, *L'Esprit du ch'an. Aux sources chinoises du zen*, Albin Michel, 2000.

DESHIMARU Taisen, *La Pratique du zen*, Albin Michel, 2002.

DESHIMARU Taisen, *Questions à un maître zen*, Albin Michel, 1984.

DESHIMARU Taisen, *Les Trésors du zen, textes de maître Dôgen* (commentés par), Albin Michel, 2003.

DESHIMARU Taisen, *Zen et Vie quotidienne*, Albin Michel, 1999.

DÔGEN (maître), *Instructions au cuisinier zen*, Le Promeneur, 2001.

HAKUIN, *Rien qu'un sac de peau*, Albin Michel, 1997.

JYOJI Taïkan, *L'Art du kôan zen*, Albin Michel, 2001.

LANDAW Jonathan et BODIAN Stephan, *Le Bouddhisme pour les nuls*, First, 2005.

LOW Albert, *La Pratique du zen*, Éditions Dangles, 1999.

OKAKURA, *Le Livre du thé*, Philippe Picquier, 1996.

RAY Veronica, *L'Art du jardin zen*, La Table Ronde, 1997.

RECH Roland Yuno, *La Voie de l'oiseau. D'après le* Denko Roku *de maître Keizan*, Éditions Yuno Kusen, 2005.

SALIBA Armand et WAGNER Paul, *ABC du zen*, Grancher, 2005.

SCHILLER David, *Le Petit Livre de sagesse zen*, Robert Laffont, 1998.

SCOTT David, *Zen tout simplement*, Guy Trédaniel, 2003.

SCOTT David et DOUBLEDAY Tony, *L'Essentiel du zen*, Calmann-Lévy, 1998.

SENZAKI Nyogen, *La Flûte de fer, cent kôans zen commentés*, Le Relié, 2004.

SENZAKI Nyogen et REPS Paul, *On ne peut voler la lune*, La Table Ronde, 2004.

SMEDT Évelyne (de) et MOLLET Catherine, *Les Patriarches du zen*, Le Relié, 2004.

SMEDT Marc (de), *Le Rire du tigre. Dix ans avec maître Deshimaru*, Albin Michel, 2005.

SMEDT Marc (de), *Techniques de méditation*, Albin Michel, 1991.

SOUTEL-GOUIFFES S. J., *La Voie des quatre vertus*, La Table d'Émeraude, 2005.

SUZUKI D. T., *Essais sur le bouddhisme zen*, Albin Michel, 2003.

SUZUKI D. T., *Sengaï. Le Rire, l'Humour et le Silence zen*, Le Courrier du Livre, 2005.

SUZUKI Shunryu, *Esprit zen, esprit neuf*, Le Seuil, 1977.

THICH NHAT HANH, *Clés pour le zen*, J.-C. Lattès, 1999.

THICH NHAT HANH, *Enseignements sur l'amour*, Albin Michel, 2004.

THICH NHAT HANH, *Soyez libres là où vous êtes*, Dangles, 2003.

THORP Gary, *Le Zen des petits riens*, Anne Carrière, 2002.

TSAI CHIH CHUNG, *Soyons zen*, BD Lys, 2003.

WATTS Alan Wilson, *L'Esprit du zen*, Seuil, 2005.

Composition réalisée par NORD COMPO

Achevé d'imprimer en Espagne en avril 2007 par
LIBERDUPLEX
Sant Llorenç d'Hortons (08791)
Dépôt légal 1re publication : mai 2007
N° d'éditeur : 85777
Librairie Générale Française – 31, rue de Fleurus – 75278 Paris Cedex 06

30/8412/6